中小型科技企业技术创新能力研究

王克响/著

吉林出版集团股份有限公司

图书在版编目(CIP)数据

中小型科技企业技术创新能力研究／王克响著．－－长春：吉林出版集团股份有限公司，2019.5
ISBN 978－7－5581－6826－0

Ⅰ.①中… Ⅱ.①王… Ⅲ.①高技术企业－中小企业－技术革新－探究－中国 Ⅳ.①F279.244.4

中国版本图书馆 CIP 数据核字(2019)第 094709 号

中小型科技企业技术创新能力研究
ZHONGXIAOXING KEJI QIYE JISHU CHUANGXIN NENGLI YANJIU

出 版 者	吴文阁
作 者	王克响
责任编辑	陈佩雄　孙　璐
装帧设计	张玉兰
开 本	880mm×1230mm　1/32
印 张	4
字 数	127 千字
版 次	2020 年 1 月第 1 版
印 次	2022 年 8 月第 2 次印刷
出 版	吉林出版集团股份有限公司
发 行	吉林音像出版社有限责任公司
地 址	吉林省长春市净月区福祉大路 5788 号出版大厦 A 座 13 层
印 刷	朗翔印刷(天津)有限公司

ISBN 978－7－5581－6826－0　　定价:36.00 元

版权所有　侵权必究　举报电话:0431－81629660

目 录

第一章　引言　/ 1
第二章　中小企业以及技术创新概述　/ 12
第三章　我国中小企业技术创新能力现状　/ 24
第四章　构建中小企业技术创新能力的外部
　　　　创新环境　/ 41
第五章　提升中小企业技术创新能力的企业
　　　　行为　/ 57
第六章　青岛海水稻研究发展中心简介　/ 72
第七章　耐盐碱水稻品种选育和推广的展望　/ 104

第一章　引言

第一节　选题依据

在当前市场经济体制下,企业面临激烈的竞争。同时,由于科学技术的迅猛发展,技术创新能力已经成为决定企业市场竞争成败的关键因素。企业要在竞争中生存发展,必须依靠有效的技术创新,必须建立规范完善的技术创新管理制度做出正确的技术创新决策,而这一切取决于技术创新能力的高低。自从1912年美籍奥地利经济学家熊彼特首先提出创新理论以来,创新越来越引起人们的关注。面对处于经济变革发展时期的中国来说,实施中小企业技术创新,研究中小企业技术创新能力的提升具有特殊的重要性和紧迫性。

创新各组成部分之中,技术创新能力是企业生存的条件、发展的基础和提高竞争力的源泉与手段,是我国中小企业参与国内、国际经济市场竞争的有效途径。世界各国经济发展的时间也以证明,技术创新能力是经济增长的根本源泉。经济增长是一个劳动力、资本和技术三要素不断投入和产出的过程。但在不同的经济时期,三要素的地位和作用也各不相同。在科学技术日新月异的今天,知识密集型行业正逐步取代了资本劳动密集型行业,在产业结构中居于主导地位,技术创新也不再是经济增长的外生变量,而成为"经济的真正主题"。而在知识经济社会,高新技术企业大多是中小企业,技术创新能力成为了决定它们生存、保持竞争优势和得以持续发展的关键所在。

中小企业是经济发展的重要力量之一。改革开放以来,我国中小企业发展迅速,尤其是农村乡镇企业得到了突飞猛进的发展,城镇集体企业、三资企业、私营企业、个体及股份合作制企业也得到了较快的发展。中小企业不仅在企业户数上占据绝对优势,而且在活跃城乡经济上、在满足人们多样化和个性化的需求上、在扩大就业和优化产业结构上、在改善人民生活和增加财政收入等方面均做出了重大贡献。目前,中小企业已经成为推动我国经济社会持续发展、促进社会和谐稳定、推进技术创新的重要力量,在我国社会经济发展中有着特殊的地位和作用。

根据国家发改委的初步统计,全国2008年上半年有6.7万家规模以上的中小企业倒闭。伴随着国际经济形势的进一步恶化,下半年甚至明年情况可能更糟。而在这样的严峻国际环境中,金融危机对我国的创新型企业、高科技企业并没有产生太大的影响。由此可以看出,在传统制造业普遍遭受严重打击的时候,创新型企业可以有更好的发展。

但目前,我国大部分中小企业面临着技术创新力量薄弱、能力差等问题,不仅技术成果少,水平低,最主要的是缺少创新型人才,缺少支持技术创新的资金,这直接影响了我国中小企业技术创新能力的提升和中小企业的长远发展。同时,政府存在着对中小企业创新技术扶持政策、法律法规、金融服务等配套措施不完善问题,使其不能在国民经济发展中发挥更大作用。

技术创新是解决问题的重要环节,而实现中小企业技术创新的关键在于如何提升中小企业技术创新能力,这是我们当前亟需解决的问题之一。基于目前的发展情况,本文拟就提升中小企业技术创新能力,从企业内部资源环境和企业外部创新环境两个方面着手,从企业内部人、财、物、信息方面考察其对中小企业技术创新能力的影响,寻求提升中小企业技术创新能力的发展道路。另一方面,借鉴发达国家在这方面的先进经验和理念,结合国内现实,就推进提升中小企业技术创新能力工作方面存在的问题做一些探讨,力争对促进我国中小企业技术创新能力方面的工作提供一些有益的借鉴和参考。

第二节　国内外中小企业技术创新研究现状

自熊彼特提出"创新"概念以来,就开始了对企业规模及市场结构和技术创新之间关系的激烈讨。而争论的焦点就是:究竟是大企业适合进行技术创新活动,还是中小企业更适合进行技术创新活动?是充满中小企业的竞争性市场适合技术创新,还是有大企业垄断的市场更适合开展技术创新?

在1947年发表的《资本主义、社会主义和民主》一书中,熊彼特进一步发展了他的创新理论,强调了垄断在创新中的巨大作用。他认为,技术创新是一种高投入、高风险以及充满了不确定性的活动。中小企业由于存在人才、资金、技术设备有限等不利因素,不仅没有足够资金投入而且难以承担创新带来的高风险,所以不适合进行技术创新。而处于市场垄断地位的大企业，由于其拥有充足的资金，雄厚的人才、技术力量，能够承担技术创新所需的高投入和高风险性，所以在技术创新上更具有优势。因此，提出了"大企业是技术进步最有力的发动机"。古典和新古典经济学家认为，只有竞争才能促进企业技术的进步和变革。中小企业所处的市场环境充满了竞争，其中有来自大企业的竞争，也有来自于其他千千万万中小企业的竞争。为了自身的生存和发展，中小企业只有通过技术创新，不断掌握新的技术和新工艺，并使之成为自己的核心技术，从而创造出新产品或是新服务来满足市场不同需求。因此他们认为，在竞争的驱使下，中小企业更能有效地开展技术创新活动，促进技术进步。

在此之后的创新理论研究中，由于受到了熊彼特和古典经济学的影响，研究者们就市场结构、企业规模和创新三者之间的关系进行了研究，结果形成了两种不同的观点，一种观点认为大企业是推动创新的最主要甚至是唯一的力量；另一种观点则认为竞争驱动下中小企业更具有创新动力和能力，它们是促进技术进步的最主要力量。

1965年，谢勒尔通过对1955年《幸福》500家大企业中的448家的创新情况进行了分析，证明了专利发明（创新）并不与企业规模的增长成正比。谢勒尔通过实证研究表明了在企业竞争数量不多的情况下，竞争一般会加快创新的步伐，即当一个新市场刚刚开始形成时，竞争比垄断更能促进技术创新的发展，面对激烈的市场竞争，中小企业则更能推动创新的开展。同时，谢勒尔等人还研究了关于企业内部交易成本对创新的影响，认为中小企业的创新优势表现在以下几个方面：一是与中小企业相比，大企业的决策更趋向与保守,二是与中小企业相比,大企业的行政等级制度往往压抑了研究人员的创新激情,三是中小企业能够把创新作为他们竞争战略的核心,四是中小企业对那些相对较少的创新通常比大企业更有热情。

美国学者卡米恩和施瓦茨曾经认为,只有占有较大市场优势的大企业才能把创新作为利益最大化的手段。但是经过他们进一步的研究论证,却发现在垄断但是没有竞争的市场条件下,又因为中小企业规模较小,创新条件有限也不利于产生重大的技术创新。所以他们的结论就是:在一个介于垄断和完全竞争之间的市场条件下,在一个各具特色的中小企业组成的、新企业可以自由进入或退出的行业,最容易产生技术创新。

美国学者纳尔逊认为,技术的研究与开发是一种风险投资,投入成本高,风险大,只有大企业才有雄厚的资金来进行技术开发,只有大企业才能通过不同研究项目进行分散化投资降低风险,同样也只有大企业才能通过大规模的营销活动有效地将长信成果推向市场并通过规模经济来获取更大的收益。

美国著名经济学家阿科斯对中小企业和技术创新进行了一系列研究,其研究成果大体如下:随着市场集中程度的不断提高,企业的创新趋于下降。在处于完全不完全竞争的市场中,大企业的创新优势比较明显,但在产业成长的早期、创新和熟练劳动力的使用相对重要的行业中,以及近乎于完全竞争的市场中,中小企业更具有技术创新优势。同时阿科斯等人还有一个研究成果,就是中小企业在自身投入较低的情况下,往往能够更好地通过借助大学、大公司等的 R&D 投入所产生的知识和创新成果的扩散,来进行技术创新活动。

英国经济学家弗里曼在他的著作《工业创新经济学》《失业和技术创新》中,提出了在把技术创新看作是经济增长主要动力的同时,更强调了技术创新对就业情况的影响,以及科技政策对技术创新的刺激性作用。他为政府提出了三套科技技术政策,来刺激技术创新和扩大就业:一是要扶持、资助和鼓励基础技术的发明和创新;二是要大力推动和促进基础技术创新的传播和应用;三是要改善对外国先进技术的进口,并促进其在国内的广泛应用。

进入20世纪90年代以来,随着信息技术和网络技术的发展,企业组织结构的不断深化变革同时也促进了生产经营模式的转变。在知识经济时代,中小企业可以利用较少的成本、更方便快捷的途径获取需要的信息和技术,通过充分利用各种社会资源来减少中小企业在技术创新过程中可能遇到的各种困难。施瓦茨在他的《长期繁荣》一书中提出了这种新型的企业模式在美国已经出现,产生的背景是20世纪90年代初期美国经济衰退所导致的企业重组,它的特点是企业规模更小,更能适应市场的变化,以及内部组织机制从等级向网络体系演变。

通过以上一系列的理论,不难看出,企业规模与技术创新之间并没有别的关联。在不同市场条件下,与大企业相比较,中小企业在技术创新活动方面并不是全然处于劣势状态,相反,在某些方面甚至比大企业更具有灵活性。

第三节 国内中小企业技术创新研究状态

从 20 世纪 80 年代起,我国的技术创新研究经历了理论引进、理论与实践相结合阶段,到现在逐步进入到一个完善、发展与深化的阶段。在现阶段技术创新研究已经超越了单纯的经济学范畴,进入了哲学、管理学、社会学等学科领域。目前我国对技术创新的研究主要向三个方面发展:

一是对技术创新理论本身的充实和拓展。自 80 年代中后期引进创新理论后,国家自然科学基金委员会资助并支持了清华大学、中国科技促进发展研究中心等有关研究机构和单位开展了技术创新领域的理论与实证研究。在中小企业技术创新的理论方面,刘东、杜占元、蔡希贤和傅家骥等学者做了大量深入细致的研究工作,初步形成一个基础理论体系。

二是通过清华大学、华中理工大学、东北大学等研究机构的专家和学者在积极借鉴国外技术创新的研究成果和成功经验基础上,密切结合中国的实际情况,对中小企业技术创新的创新机制、创新过程、创新方式、创新作用、创新战略选择、创新组织和政策等方面进行了系统的研究和探索,提出了研究中小企业技术创新的基本理论框架。研究表明,国外的技术创新与国内的技术创新情况存在很大差别,国外的中小企业创新面临的最大障碍是风险太大。发达国家的中小企业拥有充足的资金来源和技术来源,他们有创新能力并且能够注意到即将出现的市场机会,因此,风险是其创新所面临的最主要的障碍。而国内中小企业技术创新主要存在着能力障碍和风险障碍。对国内中小企业来说,虽然自主权比大企业要大,但是能力不足的阻碍作用更大,体现在缺乏创新人才、缺乏信息、缺乏营销能力、缺乏把握创新机会的能力等方面。

三是从国家整体的角度来研究技术创新,形成了有中国特色的国家技术创新体系和区域创新体系。

在国内,随着对中小企业的认识不断加深,中小企业的技术创新活动也不断受到关注,对中小企业技术创新理论有了更为深入具体的专题和对策研究,例如:中小企业技术创新面临的问题与对策研究、实现中小企业技术创新的目标和途径、中小企业技术创新优劣势分析与对策研究以及技术创新动力机制等等。

但是,由于我国的特殊国情和处于体制转变的特定时期,我们所面临的许多问题是国外研究者从来没有遇到过的,而技术创新又是一个不断发展变化的过程,因此我国中小企业技术创新的理论研究应该与时俱进,不断深入。

第四节 国内外中小企业技术创新能力理论综述

国际上对技术创新能力的研究已有半个多世纪,但是最早明确了企业技术创新能力理论的是普拉哈拉德和哈默尔于1990年提出的企业核心能力理论。在此基础上,一些专家和学者进行了深入的研究和探索。以下是国内外一些学者的主要观点:

柏格曼和曼迪奇是从企业发展战略的角度来研究,认为企业的技术创新能力是组织支持企业技术创新战略的一系列的综合特征。它包括了可利用的资源及分配,对行业发展的理解能力,对技术发展的理解能力、结构和文化条件、战略管理能力的组合。

巴顿从企业技术创新行为主体的角度出发,认为技术创新能力是由技术人员和高级技工的技能、技术系统的能力、管理能力、价值观等内容组成的。

克里斯森把技术创新能力定义为开发新产品和新工艺的资源和才能,而企业技术创新能力的有机组合则构成了企业的技术基础,从企业知识本体论和能力本体论的角度出发,进一步把企业技术创新能力分解为四种基本能力:科研能力、工艺创新能力、产品创新能力和美学设计能力。

杜伦德等人把企业的技术创新能力分为了卓越资产、认知能力程序与常规、组织能力、行为与文化五个维度,并提出了一个度量企业技术创新能力差距的测度框架,从研究开发、设计与工业化、采购、供应、制造、销售和企业总体管理等多个方面来评价技术创新能力的差距。

科林认为技术创新能力是一组能力的集合,可以用一个能力网络图来表征,即技术创新能力是综合的能力网络结构。

科施勒则认为,技术创新能力应该是在创新过程中,在充分利用现代信息与通信技术的基础上,不断地将知识、技术、信息等要素纳入到生产过程中所具有的一种能力。

国内的一些学者如王伟强从产品创新能力和工艺创新能力关联角度出发,提出了组合创新能力,即产品创新能力和工艺创新能力之间的耦合状态及其由此决定的系统的整体功能。

而王健、王海山等则从技术创新资源的要素入手把技术创新能力要素分解为技术创新的投入能力,包括研发人员、研发经费和专利,以及产出能力、活动过程能力和企业技术创新的内部支持和社会支持能力等几个方面。

许庆瑞、魏江等从技术创新过程的角度来分析,认为技术创新能力的结构要素包括创新决策能力、R&D能力、生产能力、市场营销能力、组织能力五个方面。其含义应包括如下几点:一是企业技术创新能力是产品创新能力和工艺创新能力的整体功能;二是企业技术创新能力是一个系统能力;三是与企业的技术创新战略密切相关,对应企业技术能力;四是企业技术创新能力是通过技术创新表现出来的显性化的能力。

傅家骥等认为技术创新能力是技术能力的组成部分。企业提高技术能力最终应以提高技术创新能力为依托。企业技术创新能力是企业发展技术能力的核心。

第五节 本文研究方法和论文结构

一、拟采用的方法和手段

文献分析方法:按照研究的目的,围绕本研究课题,通过图书馆、网络、书籍等方式搜集各种与本课题有关的文献资料,并力求丰富、多样、完整、系统,然后通过浏览、筛选、阅读、记录等方式对相关文献进行加工处理。

比较研究法:本论文在对影响中小企业技术创新能力因素上

采用了大企业与中小企业的技术创新活动优劣势对比,在创建外部创新环境上采用了对中小企业技术创新能力影响最大的四个环境要素进行分析,并与美国和日本进行比较分析,兼顾历史与现实相对比的方法,找出制约我国中小企业技术创新能力的企业内部因素和外部创新环境中的影响因素,提出解决方法和对策。

历史分析法:结合比较分析法,对我国近年来中小企业的技术创新方式和特点、技术创新能力的发展、外部环境影响因素等进行分析,把握我国中小企业技术创新能力发展进程和信息化变迁的历史轨迹,为未来的中小型企业在竞争中取得优势和自身的不断发展壮大而服务。

二、论文结构框架

本文从企业内部资源环境方面入手,对比分析大企业与中小企业技术创新活动的优劣势,提出影响中小企业技术创新能力提升的制约因素,在此基础上,提出通过产业集群方式弥补单个中小企业在资源上的不足,最大限度地发挥中小企业自身优势,提升中小企业技术创新能力;同时从外部创新环境角度出发,通过分析和借鉴美国、日本两国在营造良好的外部创新环境中的有益经验来推进中小企业技术创新发展及创新能力的提升,结合国内现实,得出我国政府在营造创新环境、提升中小企业技术创新能力方面的作用和所应采取的对策。较以往的单从某一个角度来对中小企业技术创新能力研究,本论文最主要的贡献是更突出了在系统论角度上,把握内、外两个主要影响子系统,使得中小企业技术创新能力提升问题不再单单是哪一方的努力就可以解决的,而是需要在整体上进行把握,要双管齐下。有了良好的创新环境氛围,有了较好的企业内部资源,才能同时促进技术创新能力的不断提升。

第二章　中小企业以及技术创新概述

第一节　中小企业的界定

中小企业是一个非常复杂的概念。关于如何划分企业的规模大小,不同的国家有不同的规定,即使在同一个国家,不同的历史时期、不同的产业部门也有不同的标准。中小企业往往是一个相对模糊的概念。一方面,它的实际规模随着行业的不同而不同,另一方面,中小企业只是相对于大型企业的相对概念,这样就给中小企业界定造成了一定的困难。定义过于宽泛,那么会导致有限的政策资源和要素资源分配过于分散,起不到扶持作用;而定义过窄的话,又会使本应得到扶持的企业被排除在政策之外。因此,中小企业界定问题有着非常重要的理论与现实意义。

一、中小企业的界定标准

界定中小企业的目的是为政府制定中小企业政策服务的,所以中小企业的界定标准必须具备以下特点:

简单性和易操作性。中小企业界定标准必须简单明了,便于实施。

要有弹性和延伸性,例如"雇佣人数为50人—499人的为中型企业",这样的界定有利于实现扶持中小企业的政策目标。

要符合国情。只使用从业人数或资产额一个指标虽然操作起来简单方便,但并不利于政府对中小企业政策的实施。况且还没有考虑到不同行业的具体情况和其间的差异。

界定标准要考虑不同行业的不同特征。不同的行业由于资本有机构成不同,技术特征各异,因而界定标准也需要视情况分别规定。

当今世界各国所采用的标准大致有以下两种:

1. 规模标准

规模标准主要从从业人数、资本金数量和一定时期的销售额三个方面来界定。又因对小企业的界定和划分标准基本上都依据这三个指标,也有的只采用其中一项或两项。对规模标准又可细分为两类:

以企业的一些客观指标为准,主要有:就业人数、销售额、总资产、利润、新增资本投资额等,其中使用最多的指标是就业人数。美国界定的"中小企业"指标就是就业人数在500人以下。其次就是利用销售额和市场价值这两种指标,如《财富》杂志每年遴选500家大型企业就采用销售额指标。一般来说,销售额和市场价值两个指标更适合于大型企业,对于中小企业来说,就业人数是一个较好的衡量标准,被大多数国家采用。

以行业中的相对份额为标准。即不管一个行业中企业实际规模的大小,只确定一个企业数目的百分比,凡在该百分比以内的较小的企业为中小企业。如美国常用的相对份额指标有两个:一是将行业中占90%的较小规模企业定义为"小企业";二是将行业总销售额中占75%的较小规模企业定义为"小企业"。

2. 地位标准

根据企业在市场中的地位来进行分类。用地位标准划分中小企业,是因为规模大的企业通常容易取得市场支配地位并形成垄断。这不利于市场运行和经济的发展。所以,从保护市场竞争和维护市场秩序的角度出发,必须要让中小企业在市场中占有相当的比重,才能形成有效的市场竞争,真正促进市场经济的发展。美国、西欧等发达国家非常重视中小企业发展,他们对"中小企业"的划分标准也兼顾了"地位标准"四。

二、我国中小企业界定

我国已于2002年6月29日颁布了《中华人民共和国中小企业促进法》这一中小企业的根本大法,为了贯彻实施该法,国家经贸委等四部委联合制订了《中小企业标准暂行规定》(以下简称《暂行规定》),并于2003年2月19日公布实施。

我国中小企业界定标准,按照行业特点,并根据企业的资产总额、职工人数和年销售额三个指标为依据制定的。界定标准适用于工业、建筑业、交通运输业和邮政业、批发和零售业、住宿和餐饮业。

第四节 我国中小企业类型

依据不同的分类标准,可将中小企业分成不同类型:

按照生产资料所有制可将中小企业划分为四类:第一类是国有中小企业。其中地方国有中小企业所占的比重较大,它主要解决的是城市劳动力的就业问题,主要生产的产品是日常生活用品。第二类是城镇集体企业。它所主要解决的是城镇劳动力的就业问题,主要是传承地方传统技术与传统文化。第三类是乡镇企业。

它所主要解决的是失地农民的就业问题。第四类则是个体私营企业。包括个体企业和私营企业。个体、私营企业是社会主义市场经济的重要组成部分,它的发展对鼓励和使用民间投资、解决就业,增加地方财政收入、实现稳定、提高人均 GDP 等方面都有很大的贡献。

按照企业主导资源可将中小企业分为资本密集型企业、劳动密集型企业和技术(包括知识、信息)密集型企业。我们平时所说的科技型中小企业大多属技术密集型(有的兼有资本密集型),这类型企业在国民经济中更多地承担着技术创新的重任。而按照企业财产组织形式,中小企业又可分为个人独资企业、合伙制企业、有限公司制企业三类。

由于中小企业网络化发展与产业集群发展密切相关,日本东洋大学经济学部的学者植草益提出了一种新的分类方式,将中小企业分为:"场地产业""城市型中小企业""下请中小企业"三类。"场地产业"是立地分布于特定地区,以该地区的物产为原料,或因其他原因传统上就存在于该地区的中小企业群:如我国江西景德镇的陶瓷产业。"城市型中小企业"则是为城市居民生活提供必需的各种用品、服务的中小企业。而"下请中小企业"则是加工、制造构成大企业制成品所需的零配件、装置,或生产成品以供应大企业销售。日本的"下请中小企业"在全部中小企业中的比例最大,1998 年占 48%。这种方式为日本中小企业的发展有着积极的影响。而我国由于受到计划体制下"大而全""小而全"的影响,社会分工还很不发达,中小企业与大企业之间还没有形成这种专业化的分工协作模式。

第五节　我国中小企业的特点

随着我国开始实施改革开放以及由计划经济向着社会主义市场经济转变的同时，我国中小企业也得到了快速发展。受我国经济体制和国内经济环境等诸多因素的影响，与西方主要发达国家相比，我国中小企业的发展具有鲜明的特点，主要表现在以下几个方面：

一、非国有制占主体，多种所有制并存

长久以来，我国大型企业多数是国有企业，而中小企业的所有制则呈现出多样化的特征。在我国中小企业中，既有传统的国有企业和集体企业，也有民营企业，还有三资企业等等。2006年，私营企业数量达到498万户，比2005年增长24%，其中非国有企业为主体。目前，我国的中小企业发展主要通过民营经济实现，随着产权制度改革的深入，中小企业形成了多种所有制结构、多种经营方式并存，并实现了投资主体的多元化。

二、区域发展不平衡

我国的东部、中部、西部地区以及城乡之间生产力发展水平极不平衡，随着改革开放，这种不平衡进一步加剧。无论是在中小企业的数量上，还是在中小企业的产值上，我国中小企业的发展都存在区域经济发展不平衡的特征，表现出明显的东西部差异，即东部沿海地区经济比较发达，中小企业也比较发达；而中西部内陆地区经济相对不发达，中小企业的发展水平也相对落后。而我国要遏制东西部地区差距的扩大，实现区域之间的平衡发展，必须要在保持东部地区经济发展速度的同时，加快中西部地区经济的发展，以实现对东部地区经济的赶超。而要实现这一目标，首要任务就是

大力促进中西部地区中小企业的快速发展,以带动地区经济实现飞跃。

三、劳动密集型行业占主体

中小企业在劳动密集型行业中占主体。主要是因为我们国家人口多,尤其是农业人口比重大,随着农村经济体制改革的深入,出现了大量的农村剩余劳动力,在这个群体中,出于大部分人没有专业技能、受教育程度有限,所以主要从业于劳动密集型行业。

四、中小企业的发展效率处于较低水平

我国中小企业整体的发展速度比较快,无论是在中小企业的数量上,还是在中小企业的产值上都保持了较高水平的增长。但是,由于我国在宏观上对中小企业整体发展缺乏合理的规划和布局,在微观上,中小企业也相对缺乏先进的经营理念、生产技术和高素质的人才,所以我国中小企业的发展效率始终处于较低的水平。具体表现在中小企业的产业结构不合理、企业布局片面集中、资源使用效率和企业生产效率低下、企业产品结构单一、市场竞争过度等诸多方面。

第二节 技术创新含义

熊彼特在他提出的技术创新理论中认为创新就是建立一种新的生产函数,就是实现生产要素和生产条件的一种从未有过的新组合,并将其引入到生产体系中去。技术创新决不是单纯的技术变化或者工艺发明,而是包括开发新产品、采用新的生产方法、开

发新市场、获得新材料供应源、形成新组织和管理方式等多方面的内容。

关于技术创新,国内外学者给出了诸多的定义,这主要是因为技术创新是一个涉及面广、内涵丰富、影响较大,而且又十分复杂的系统过程。从不同角度去研究技术创新,就会赋予技术创新不同的含义。迄今为止,尚未形成一个严格的、统一的定义。

而这里所说的技术创新不是一个技术学上的概念,首先它是一个经济学的概念,或者说它是一个技术与经济相结合的概念。技术创新是指发明成果在商业上的首次应用,因此,技术创新的过程,既包括技术本身的创新过程,又包括经济过程、管理与组织过程"。

通过综合分析和借鉴国内外学者以及各界人士对技术创新的理解和定义,本文中采用的技术创新的含义可以概括为:技术创新是以企业为主体,以市场为导向,以提高企业经济效益、增强市场竞争力和培育新的经济增长点为目标,以具有创新的构思和市场成功实现为基本特征的层次性技术经济活动的综合过程,它由新设想的产生、研究与开发、中间试验、商业化生产、市场销售与扩散等一系列环节构成。其主要内容体现在:新的产品、新的生产工艺和新方法的创立和改进;资源的有效开发和利用;新技术包括生产技术和管理技术)的发明和应用;新需求与新市场的开拓和占领。

技术创新是一种极其复杂的社会经济活动,是科技与经济结合的桥梁和纽带。技术创新主要由四个要素构成,即机会、环境、支持系统和创新者,这些要素的相互作用使得技术创新得以成功实现。科学技术的发展、社会需求和市场需求是技术创新的主要推动力。

第三节　技术创新的主体

技术创新主体是技术创新过程的能动的要素,是指在技术创新过程中,具有创新需求和创新能力并能够借助于一定的中介变革创新客体的能动的活动者。

随着技术的进步和社会分工的发展,现代企业技术创新不是要求一元的创新主体,而是强调多元创新主体之间的联合行动,强调所有技术创新的主体按照一定的组织方式社会性地参与技术创新的整体活动。

根据普利高津提出的耗散结构理论,一个远离平衡的开放系统(力学的、物理的、化学的、生物的乃至社会的、经济的、文化的系统)通过不断地与外界进行物质、能量和信息的交换,在外界条件变化达到一定阈值时,从原有的无序状态转变有序状态。耗散结构就是指在远离平衡态条件下所形成的新的有序结构。耗散结构理论表明,只要具备一定的条件,远离平衡的开放系统出现耗散结构,即发生自组织是必然的,而不是偶然的。这些条件包括:系统必须开放,即与外界环境不断的有物质、能量(对文化系统还要有信息)的交换;系统必须是远离平衡的;系统内部必须有非线性相互作用;系统存在着涨落。

技术创新主体系统满足形成耗散结构的四项条件,因而是一个自组织的系统。其中,从涨落和非线性相互作用表现出了创新主体间竞争和协同的关系,分别代表着创新主体系统发展与稳定、并保持了个体性与集体性的关系。出于创新主体系统的诸要素对外部环境和条件的适应和反应的不同,获取外界物质、能量和信息的能力客观上也存在着差异,因而造成了竞争;同时,创新主体系统的活动又是一项集技术、生产经营、管理于一体的特殊的社会实践活动,更需强调创新主体系统中要素之间的合作性、协调性、同步性。

企业要想成为技术创新的主体,主要表现在技术创新的投资主体、研究开发的主体和利益分配的主体这三方面上。这是因为技术创新就是指从技术发明到技术产品化、商品化的过程。这一过程只能由企业来完成。更由于发明的成果要转化为现实生产力也只能通过生产过程来实现,而企业是社会生产的主体,所以也应该成为技术创新的主体。从科学到技术的转化,科研机构(包括企业研究所)和高等院校承担了主要的责任,是创新重要的一环,如果研究开发活动不在企业,就会导致科技成果和企业生产相脱节,会造成我们国家现在的局面,科研院所的科技成果多,但是转化率低,而企业的产品落后,技术引进之后无法吸收的后果。所以只有认清创新主体问题,才能够把握创新活动的发展。

第四节　技术创新对中小企业的作用

中小企业的生存、成长和壮大的主旨在于不断地生产出满足人们物质和文化生活需要的产品或服务。中小企业的生产力水平与其产品的生命力息息相关,而产品的生命力则又集中反映了企业技术创新的能力和行为。技术创新对中小企业的作用表现在以下这些方面:

技术创新是中小企业发展的内在动力。技术创新是提高企业经营效率,降低成本的根本手段。企业只有通过技术创新,采用新的机器设备、新的生产技术、新的原材料和技术水平高的劳动力等,才能提高生产效率,降低产品成本,才能在竞争中提高市场占有率,取得更高的利润率。

技术创新是中小企业竞争取胜的关键。在市场竞争中,企业只有通过技术创新,不断研制出其他企业所没有的产品,才能开拓出新的市场。拓展企业的生存发展空间击败竞争者,树立竞争优势,同时也是企业扩大经营规模,取得规模经济效益的必要前提条件。

技术创新是延长中小企业寿命、适应市场需求变化的法宝。随着经济增长、社会进步和人们生活水平的不断提高,消费观念日益从数量型消费转为质量型消费,消费日趋个性化、多样化,要求企业不断进行技术创新,来满足顾客或消费者不断变化的需求。

技术创新促进经济增长方式的转变和经济效益的提高。技术创新有利于科技成果迅速转化为现实生产力,使得企业生产的产品技术含量不断提升,经济增长方式也由原来的粗放型向集约型转变。企业只有在技术创新上加大力度,减少单位产品对原材料、劳动和资本的需求,才能提高产品价值中的科技贡献率,让知识资本在企业生产率提高和财富增长中起决定性作用。

技术创新促进新产业的发展,形成新的产业机会。纵观世界产业的发展历程,可以看出几乎每一个新的产业的形成和发展都是技术创新的结果。因为任何一种产品的市场都有其生命周期，当其走向成熟、衰退、死亡，最终会被新产品所替代，当技术创新产生出新技术或产品后，新兴产业的形成和发展也就拉开了序幕。

因此，许多发达国家中小企业发展经验表明，推动中小企业技术创新活动就是推动整个社会的技术创新发展。

第五节　中小企业技术创新特点

一、中小企业的技术创新更具广泛性和多样性

由于中小企业数量多、涉及领域广、与市场联系紧密，因此，在创新产品、创新工艺、创新过程和创新成果上都表现出了广泛性和多样性，尤其是新兴产业的兴起和发展为中小企业的技术创新提供了巨大的市场空间。

二、中小企业在技术创新体制上更具灵活性

中小企业一般没有独立的研究机构，而主要采用技术引进方式创新，或者由企业和高校、科研单位共同进行开发创新，也可以运用自己掌握的情报信息资料，借助于外单位的力量进行创新。特别是近年来高新技术产业中，中小企业大量涌现，在技术创新上主动面向市场，不仅跟进步伐快，且善于捕捉商机，着力科研成果的转化，在时间与效率上的优势更为明显。

三、中小企业注重应用型技术方面的创新

中小企业的技术创新遵循合理实效的原则，主要着眼于现在而非将来很少从事投资大、项目多、见效慢的基础性技术创新。中小企业生存和发展的紧迫性,决定了企业更注重应用技术的创新。

四、中小企业技术创新的组织结构灵活

与大企业相比,中小企业的组织结构更灵活。企业上下级关系比较融洽,环境比较宽松自由,有利于创新思想的培育,在创新效率和创新时间上明显优于大企业。在美国,中小企业的人均创新大约是大企业的2倍。而在日本,有一半的技术创新是由小企业来进行完成的。

五、中小企业技术创新中企业家的作用相对突出

中小企业的企业家除了对技术创新制定战略外,通常还亲自参与企业的技术创新活动或者组织和领导技术创新工作,真正成为了企业技术创新活动的主角。另外,相对于大企业来说,中小企业员工数目较少,工作绩效也易于确定,故较容易通过实行按知分配来调动科技人员和其他员工的积极性和创造性。

六、中小企业技术创新更强调利用外部资源

需要政府及政策制定者的指导和支持。与大企业相比,中小企业不得不在几乎所有方面都极为不利的竞争条件下生存和发展。例如:获得资金的能力不高,信息、技术、人力资源的缺乏,雇员福利引起的成本增加,政府行政管理方面的要求过高等。因此,中小企业技术创新更需要政府采取措施,直接和间接地从各个方面加以扶持。而各方面的研究也显示,政府的政策及行为对中小企业技术创新发挥相当大的影响。

第三章 我国中小企业技术创新能力现状

第一节 中小企业技术创新能力理论概述

一、技术创新能力

国际上的创新能力研究已近半个多世纪,但明确提出创新能力并加以研究却在20世纪80年代以后。许多作者都定义和分析了创新能力及其在企业发展中的作用。这方面的工作最早可以追溯至彭若斯的工作。彭若斯提出"杰出能力"的概念,把它定义为"企业更好地配置和使用资源以获取经济租金的能力"。在那之后,多西等人提出创新能力是企业竞争能力的基础;巴顿认为创新能力是为企业带来竞争优势的知识体系,它包括知识库、技术系统、管理系统、规范和价值观系统;库姆斯认为创新能力是企业能力的组合。在这些研究之中,普罗哈拉德和哈默尔的定义最有影响,他们认为创新能力是企业通过投资和学习行为累积起来的企业专长。

技术创新能力是企业所拥有的用来组合、协调、配置资源进行技术创新活动的累积性储备。在企业的技术创新活动中,通过创新能力,把企业资源组合起来并引导它们为特定的创新目标服务。创新能力是在资源的基础之上所构成的一种"经验基础",它是包括技术、产品、工艺、知识、经验以及组织等在内的含义较广的企业特殊资产。

目前,技术创新能力已经成为企业衡量自身竞争能力的基础。技术创新能力具有以下性质:它是技术要素与组织要素的复杂混合;它是企业竞争优势之源;它是企业专有的,具有路径依赖性,并且难以模仿;它具有动态性,能够随竞争环境的改变而改变。

二、企业技术能力与企业技术创新能力

什么是技术能力?按照世界银行的界定:"工业技术能力是指企业建立工厂并有效地运营、随时间而改进和扩展它,以及开发新产品和新工艺的技能,包括技术的、管理的和组织的","国家的技术能力是指国家吸收技术进步的能力或国家的人才存量,有形资本和机械制造能力。

企业技术能力是指企业能够从外界获取资金、技术和信息,通过结合内部的知识创造出新的技术和信息,并实现技术的创新与扩散,同时又能储备与积累技术与知识的能力"。

在某种意义上说,企业技术创新能力是企业以资金能力支撑为支持技术创新战略实现有产品创新能力和工艺创新能力为主题并出此决定的系统整合功能。

企业技术创新能力与企业技术能力间的关系为:企业的技术能力是企业技术创新能力的基础,而技术创新能力是企业技术能力的体现。这体现以下几个方面:

一是企业技术创新能力是技术能力的具体反映。技术能力是个积累的过程,企业技术能力的高低反映在研发能力、生产能力、组织能力、市场营销能力、决策能力的高低上面,所以企业技术能力高低需要通过技术创新能力体现出来,而企业技术创新能力是技术能力的具体反映。

二是技术能力与技术创新能力具有一致的内容,但也有独立的内涵。从包含内容来看,最大的不同是术能力不包含市场营销能力和资金能力,而技术创新能力则包含。

三是技术能力是企业内在的反映,而技术创新能力是外在的反应,并最终反应在企业的产品水平中。

四是企业技术能力和技术创新能力都必须在外部环境的影响下发挥作用。企业技术创新是一个系统,有其运行机制、动力机制与约束机制,这些机制要作用,还必须有资金能力、资源配置、企业外部的经济、社会、政治、文化等环境做支撑。

三、中小企业技术创新能力的内容

根据清华大学傅家骥教授将中小企业技术创新能力按过程分为创新要素投入能力、创新倾向、研究开发能力、创新生产能力、新产品的营销能力和技术创新管理能力等6个方面内容:

1. 创新要素投入能力。创新要素投入能力是指中小企业拥有能够投入到创新过程中的各种生产技术要素的能力。它不仅包括了资金投入,同时还包括技术投入、工艺投入、设备投入和人员投入等。

2. 创新倾向是指企业家所具有的创新的主动性和前瞻性。技术创新是企业家追求卓越、积极开拓的产物,也是企业家精神的一种集中体现。创新倾向代表了企业家的创新意识和创新能力,自然也就成为了企业家的独特行为特征。

3. 研究开发能力。中小企业研究开发包括了应用研究和开发研究。因此要衡量研究开发能力可以从上述两个方面分别衡量。同时研究开发能力也可以具体划分为:技术选择能力;技术模仿能力:技术引进和消化吸收能力;解决技术难题并有所创新能力:研究开发组织能力。

4. 创新生产能力。所谓创新生产能力是指中小企业能够将研究开发成果转化为符合设计要求的可批量生产的产品的能力。这种能力对中小企业来说,存在两种可能情况:一是企业现有的生产能力就足以满足创新的需要;二是现有的生产能力只有提高以后才能满足创新的需要。

5. 新产品的营销能力。主要包括了市场调查和研究能力、开拓新产品的市场能力和销售能力。其中销售能力又包括营销体系建设和运作,以及产品的售后服务能力。

6. 技术创新管理能力。技术创新管理能力是指企业从战略上、整体上安排和组织实施技术创新的能力。技术创新管理能力主要反映在三个方面:其一是创新战略选择;其二是创新机制;其三是创新时间的把握能力。

中小企业与大企业相比,在技术创新投入上存在明显的劣势,所以中小企业的技术创新能力提升需要依赖外部资源的补足。对中小企业来说政府的支持显得尤为重要,所以中小企业技术创新能力同时包括了技术创新资源的投入能力、技术创新的合作能力和政府的支持能力。

第二节 国外中小企业技术创新能力现状

一、中小企业技术创新投入能力

中小企业技术创新投入能力是指中小企业在技术创新方面的

资金投入、技术投入、设备投入和技术人员投入的能力。中小企业由于规模小、资金有限且抵抗风险能力差,故此对于技术创新的投入方面和大企业差距较大。1999 年,美国、日本、德国与韩国四国中小企业的研发支出分别占各国所有的研发支出的比例 18.7%、7.2%、15.1% 和 12.9%。其中美国和韩国的研发投入是比较高的,政府对中小企业的提供的支持也是非常多的。在美国,SBIR 计划为中小企业提供了 60% 的公共融资;而韩国政府也采取了一系列的激励手段,使得韩国中小企业的研发占销售额的比重从 1995 年的 1% 上升到了 2000 年的 2.4%。

在技术装备投入上,美国的中小企业的生产设备还是很先进的。早在 20 世纪 80 年代后期,英国中小企业生产设备平均更新速度就已经超过了大企业,在设备先进程度和技术水平方面,有的还超过了大企业。由于信息技术的飞速发展,美国中小企业应用信息技术程度非常高。相比而言,德国中小企业的技术装备水平还是比较高的,根据德国的一项调查表明,在技术装备差距上大企业与中小企业间只有 10 个百分点,且德国的中小企业能够完全掌握和运用诸如信息技术、微电子技术等高新技术。与其他国家相比,日本和韩国的中小企业都存在着中小企业技术装备落后的问题。

在研发人员投入方面,各国的中小企业都遇到了技术人员缺乏的问题。在美国,高科技企业占中小企业的绝大多数,但是由于美国的教育水平很高,科研人员的技术水平也较高,因此科研人才的比例也就相对比较高。在日本,中小企业虽然非常重视科技人才,但是大企业的研发人员的比例占 62.4%,而中小企业只占 6.

5%。虽然德国企业界集中了全国半数以上的 R&D 人员,但是中小企业专业人才缺乏高达30%,中小企业人才缺乏的困境仍然无法解决。

二、技术创新合作能力

由于中小企业缺乏资源,所以在技术创新方面只有与外界合作才能促进中小企业创新的发展,因此外部资源对于中小企业的创新非常重要。技术创新合作能力主要探讨的是中小企业与其他企业之间、与大学等科研机构之间,以及与政府之间的合作。中小企业与其他企业之间的合作是国外中小企业采用的最多的合作方式。在美国,中小企业在技术创新领域很重视与其他中小企业和大企业之间合作,与此同时,美国政府亦鼓励小企业与小企业之间进行联盟,引导中小企业与大企业进行合作。在日本,中小企业的专营化战略使其与其他企业的合作更为紧密,尤其是下请企业制度更稳固了中小企业与大企业间的合作关系。而在德国,有很多中小企业与大企业进行合作,尤其在信息产业、汽车工业和电气工业中表现尤为明显。同样的中小企业之间的合作也比较多。

关于中小企业与大学等科研机构的合作状况。美国是成功运用产学研结合的国家之一,其中小企业也广泛地与各个大学合作。在日本,中小企业与大学合作创新的有21.0%,与公共研究机构合作的为25.9%,与外部其他组织合作的为56.4%,由此可得其合作比例也是非常高。韩国的中小企业虽然与大学等科研机构的合作比例不高,但是增长迅速。

在促进中小企业技术创新能力的提高方面,中小企业与政府的合作有着积极的作用。美国的《小企业创新发展法》明确规定,每年研发经费超过1亿美元的联邦机构必须拨出其经费的1.

25%，用来支持小企业的研发活动。日本政府也建立了类似美国的中小企业研究计划，用于促进中小企业的技术创新。而韩国政府建立了 SMBA 并建立了中小企业创新中心来促进中小企业技术创新，同时也促进中小企业与国外企业项目合作。

三、政府对中小企业的支持能力

中小企业的技术创新发展离不开政府的支持。美国政府设立了 SMRB 计划、SBTR 计划等一系列的计划来支持中小企业技术创新，主要体现在对中小企业技术创新的直接投入，通过中小企业的技术转移等来提高中小企业技术创新能力。日本不仅在研发投入上给予中小企业税收优惠，还给予了中小企业设备资金贷款优惠。德国政府制定了中小企业创新能力项目和创新网络促进项目，同时也为中小企业提供人才培训，给予中小企业研发人员补贴，并提高中小企业技术设备的折旧率，通过提供长期低息贷款来支持中小企业的技术引进和研发。韩国政府规定了在私营研究所工作满 5 年的研究人员、在中小企业生产厂家工作满 3 年的技术人员可免服兵役，并且对中小企业在促进中小企业技术创新合作和提高中小企业技术能力方面给予帮助。

第三节　我国中小企业技术创新能力现状

一、技术创新投入能力

我国中小企业技术创新投入水平低，技术创新资金贫乏。根据清华大学经济管理研究所 1994 年对全国 1051 家企业的抽样调查,资金短缺被列为中小型企业从事技术创新的最大障碍。根据1985年和1995年两次工业普查资料对比表明,10年来,尽管中国工业装备中处于国际先进水平和国内先进水平的比重分别上升了13.2和5.9个百分点,但在工业中仍有46.2%的装备处于国内一般水平和落后水平。

在我国的中小企业技术创新过程中,创新人才的缺乏是一个严重的问题。据调查显示,我国中小企业大专以上文化程度的职工占职工总数的比例不到5%,除了新兴的高新技术企业以外,绝大部分的中小企业科技人员资源匮乏。导致我国中小企业人才缺乏的原因:因为计划体制造成的人才分布不合理,导致了科技人员过多集中在科研院所和大企业;出于人事制度改革进展缓慢,造成人才流动困难。此外,小企业大多数工资和福利待遇水平较低,也使其缺乏对人才的吸引力。

二、技术创新合作能力

由于我国目前正处于经济转轨时期,中小企业发展还在起步阶段,各种机制尚未完全建立起来,所以我国的中小企业与其他企业之间、与科研机构和政府之间的技术创新合作还有待进一步的发展。首先,我国中小企业发展呈现出了集聚化的发展趋势,但是由于专业化程度不高,而聚集在一起的中小企业大多是同样性质的企业,彼此之间容易造成恶性竞争,导致中小企业之间没有形成合作关系;其次,我国中小企业与大企业之间也缺乏合作。由于长期以来我国大企业的发展模式是大而全,且没有分工的意识,所以大企业很少能够成为中小企业的中心,也就不会形成"中卫"生产模式;再次,我国的产学研合作尚属发展阶段,虽然取得了一定的成效,但是在合作范围上和层次上都是不够的。而中小企业与大学等科研机构的合作也是非常有限的;最后,因为我国中小企业政策主要集中在对中小企业的融资上,对于提升中小企业的技术创新能力没有直接的帮助,政府对于中小企业的科研活动支持上也存在不足。

三、政府对中小企业技术创新支持能力

自1985年起,国家科委先后出台一系列计划和措施,例如火炬计划、星火计划,建立生产力中心、技术市场等用以支持中小企业的技术创新活动,为中小企业提供技术来源、技术开发、成果转化和企业孵化等,同时提供与企业信息、咨询、管理和培训等有关的各项服务。

第四节 大型企业与中小企业技术创新的优势和劣势比较

众所周知,技术创新是从研究开发到实现产品商业化的一系列过程,技术创新成功与否的最终检验标准就是市场实现的程度如何,站在这个角度上说,不管企业的规模如何,其技术创新的目标是一致的,就是为了获取技术创新所带来的高收益,但是不同规模的企业技术创新能力不同,这种能力上的差异表现在企业规模所特有的优势上。

大企业凭借其拥有的大量资金和人才的集中优势,占据大部分的市场份额,一般选择大规模投资、进行长线研究开发。而中小企业,受其规模的约束,它所能支配的资金数量有限、人才优势不足,只能在其自身所擅长的领域寻找市场机会。但也正是由于中小企业规模小,对市场反应迅速,可以在大企业的间隙中寻找技术创新的机会,开展技术创新活动。

第五节　我国中小企业技术创新能力方面存在的困难

40余年,我们国家通过大量的引进外资、引进国外先进技术和管理经验,使得经济有了巨大发展,但是同时也为此付出了代价。与国外的中小企业相比,我国中小企业在创新的总体水平上偏低,在创新投入、研发能力、创新成果转化发面还存在着很大的差距。我国中小企业采用的模仿技术比较多,缺乏核心竞争力和自主创新能力,为实现我国产业结构的调整,转变经济增长方式,实现我国经济平稳快速发展,提升中小企业的技术创新能力势在必行。

目前,我国经济仍然处于转型时期。尽管中小企业技术创新的发展取得很大的进步,在缓解就业压力、改善人民生活质量、推动技术创新、促进国民经济快速发展和保持社会稳定等诸多方面做出了巨大的贡献,但是在发展过程中,中小企业技术创新能力提升面临着许多困难,中小企业的创新能力的形成同时受到外部因素和企业内部因素的影响。外部因素包括传统文化、政府支持等,而内部因素则包括企业的企业文化、企业的人才结构、企业经营者的素质、管理方式等等。

一、中小企业内部资源环境存在的制约因素

中小企业在创新中仍然存在着很多不足之处,体现在企业自身的很多方面,大致表现如下:

1. 创新观念滞后,创新意识不强

市场经济条件下的技术创新与计划经济时期的技术开发根本的区别就在于,技术创新是"两头在市场",即产品创新和工艺创新的信息来源于市场,创新的成果最终推向市场,市场是技术创新的出发点和落脚点。目前我国企业特别是中小企业普遍缺少科学、严谨的市场调研,存在着重视技术上的可行性而忽视市场的可行性,重视技术开发、研制和生产工作而忽视技术创新成果的市场工作的倾向,其结果是低水平、小规模的重复开发比比皆是,技术开发项目和成果数量不少,但科技含量和经济效益普遍偏低。在传统体制下,企业不是技术创新的主体,企业的一些创新活动和创新成果完全是被动发生和取得的。而市场机制一下子把企业推向了技术创新的前台,并成为市场经济的主角。这种强烈的反差,企业很难适应,特别是观念和意识难以跟上。不少企业家认为不创新,企业并不一定死亡。而大多数企业员工则认为创新只是研发部门的事情,与自己无关。没有形成人人都与创新息息相关的文化氛围,而中小企业表现更是如此,不鼓励员工参与到企业创新过程中,这种观念和意识严重阻碍了中小企业的技术创新。

2. 人、财、物三要素

人是生产力中最活跃的因素。人才,尤其是科技人才是技术创新的开拓者和执行者。一个企业的科技人才的数量和质量,直接影响企业的技术创新。由于我国中小企业规模小,资金有限,同时在工资福利待遇和信用、知名度方面不如大企业,所以对人才吸引力不足,同时也容易导致人才流失。,成为困扰中小型企业技术创新的一大难题。

衡量企业技术创新能力的重要指标就是企业 R&D 费用占销售额的比重。国际上一般认为企业维持生存的指标是 R&D 的费用占销售额比重的 2%,而要想在市场上具有竞争力 R&D 的费用占销售额比重的 5%。

由于科技研发经费的投入少,严重影响了企业技术创新的发展,导致我国企业的技术创新能力远不能满足国际市场激烈竞争的要求。相对于科技投入较高的美国和日本,我国的科技投入显得远远不够。见表 3.6.1。

表 3.6.1 美、日、中三国就 R&D 占 GNP 的比例、R&D 来源、分配和使用的比较

R&D 经费结构	美国	日本	中国
R&D 占 GNP 的比例(%)	2.6	2.87	0.62
来源企业(%)	50	67	18
来源政府(%)	47	22	79
来源其他(%)	3	11	3
分配企业(%)	73	65	30
分配政府(%)	12	9	54
分配其它(%)	12	22	16
使用基础研究(%)	12	13	7.0
应用研究(%)	21	25	58.6
实验研究(%)	67	62	34.4

由表可知,我国 R&D 经费的投入远不如美国和日本,占 GNP 的比例才是他们的 1/4,R&D 的来源主要是政府,占了 79%,如大学和科研机构,占 54%,企业只占 30%,而美国和日本这一比例分别是 73% 和 65%。

所谓物,这里指的是技术设备。中小企业采用的设备大多老化,设备水平低,难以满足技术创新的需要。所以引进先进技术和设备,完成技术改造任务,刻不容缓。

人、财、物三要素是核心,缺一不可,它们相互作用,相互影响。工欲善其事,必先利其器。只有三者相辅相成,才能推动技术创新能力的发展和提高。

3. 中小企业的国际化程度较低

在经济全球化的大环境下,中小企业要得以持久发展,必须走国际化的道路,以适应经济全球化的要求。这主要包括两个方面,一是走出去,即通过直接投资、间接投资和国际贸易等诸多方式进入国际市场,使得企业的经营、管理、生产和产品等全面实现国际化;二是引进来,即通过合资、合作等诸多方式引进资金、人才和先进的管理经验和经营理念,通过改变企业的股本结构甚至改变企业的管理层结构将企业纳入到国际生产领域和流通领域,使得企业的产品进入国际市场,从而实现企业的全面国际化。目前,我国中小企业国际化程度太低,在开拓国际市场时面临很多困难,这主要有以下几个原因:一是大多数中小企业自身实力较弱,发展潜力有限,国际化基础薄弱;二是中小企业的国际化进程受到国外技术性贸易壁垒的严重影响;三是中小企业的国际化进程缺乏政府的支持。

4. 应对知识产权纠纷能力不足

由于市场竞争激烈,中小企业在技术创新过程中难免会遇到知识产权纠纷问题。中小企业由于资金和精力有限,难以承担申请专利所需要的较高的费用、较多的人力和时间,故无法像大企业那样通过申请专利来保护自己的发明创造。一旦知识产权受到侵犯,中小企业也难以承担巨额的诉讼费用,而只能被动接受由于知识产权被盗所带来的经济损失和企业竞争力削弱的损失。这无疑大大打击了中小企业进行技术创新的积极性。知识产权还需要政府和社会共同建设和发展,尤其是政府要制定一些利于知识产权保护的措施,提高政府办事效率,降低费用,使得中小企业真正享受到技术创新带来的成果,只有这样,企业才能激发出从事研究与开发的热情和冲动。

5. 科研机构与中小企业严重脱节

许多科研机构的研究主要是为完成计划和任务,而不是对市场需求进行研究,可转化实际生产力的技术成果很少,进行了大量与利润无关的研究;科研机构长期游离于企业之外,缺乏转化资金和中间试验环节;企业自身缺乏研究开发能力,致使本应以企业为主体、市场为导向的产业技术进少缓慢。

6. 中小企业本身的创新动力和研发能力不足,缺少科学管理

由于创新的经费投入较大、风险比较大,很多中小企业不愿意进行技术创新。更不用说拥有自己的研发机构了。在我国有99%的中小企业没有研发机构,而在日本却有相当多的企业拥有自己的研发机构。虽然我国引入了现代管理理念和方法,但是我国的中小企业大多数仍然处于经验管理阶段,实行粗放式管理,缺少科学的管理方法。

7. 获取信息能力有限

中小企业要进行技术创新活动,就需要收集市场信息和技术信息,否则会直接影响到技术创新活动的成败。收集信息不仅仅是让中小企业了解目前国内外相关技术的发展情况,了解国内外的技术差距和国内外最新研究方向,避免重复开发造成浪费并紧

跟因际技术开发前沿领域。我国中小企业对于收集市场信息方面的意识和能力在不断提高,但是整体水平还是不高。尤其是收集信息需要成本投入方面,受到企业自身规模和资金量的约束。

二、影响中小企业技术创新能力的外部创新环境因素

1. 政府的政策支持

我国中小企业发展的起步较晚,2003年才有了第一部关于中小企业的根本大法,这与美国、日本、欧盟等工业化国家和地区相比,使得中小企业的发展晚了很多年。由于之前我国政府对中小企业的发展以及中小企业技术创新没有引起足够重视,所以在法律法规方面没有形成体系。

2. 为中小企业减负,促进融资体系、风险投资体系的完善与发展

中小企业一般资产较小,融资渠道不够顺畅,资金缺乏成为中小企业进行技术创新的最主要的障碍,而由于我国没有成立中小企业的专门管理机构,而各级政府部门对中小企业征收各种名目繁多的税收,对于本就捉襟见肘的中小企业来说无疑雪上加霜。所以除了对中小企业减负之外,还要注意政策倾斜,拓展多种融资渠道,真正为中小企业技术创新服务。但是我国证券市场发育不完善,中小企业由于不稳定因素多、信用等级低,无法发行债券或是上市。而通过银行贷款,则由于中小企业大多属于民营,而商业银行则是国有的,银行为了避免风险责任,而宁愿贷款给有政府保护的国有企业,尽管这些企业也会出现经营不善,偿还能力有限,也不愿意贷款给那些有一定市场潜力和盈利能力的中小企业,导致他们不得不以更高的利率向银行贷款。而即使银行贷款,也多是金额有限、利率高、偿还时限较长。在非公有制经济贷款难的问

题中,还存在着所有制的信贷歧视,尤其是处于创业阶段和发展初期的非公有制小企业。要想解决中小企业融资难的问题,首要的任务就是完善风险投资体系。

3. 科技资源分布不合理

我国科技资源的分配十分不合理,当前企业的技术力量与开发能力相对薄弱,主要的科技力量分布在大学和研究机构,科研方向习惯于追求学术水平,忽视产业需求和企业需求,造成科技游离于企业之外,游离于市场之外的状况,宝贵的科技资源难以有效转化成经济优势和竞争优势。技术创新的客观规律昭示了企业才是技术创新的主体,创新过程需要各方面力量的共同参与,但企业在创新中居主导地位。根据发达工业国家的美国、日本和新型工业化国家韩国的科技资源分布状况,其研究发经费和科研人员分布均集中在企业,而我国的研发经费和科研人员却集中在科研院所和大学等非生产领域。由于科研院所和高校与企业缺乏有效的合作沟通,所以导致科技成果转化率低,工业生产总值也大大低于发达国家。由此,促进科技资源合理配置,促进科研院所和高校的科技人员合理流动,促进产学研合作,还是任重而道远。

纵观西方发达国家的中小企业发展史,任何国家的中小企业能够持久繁荣发展,都必然有完善的法律制度和相关政策给予大力扶持。只有通过针对中小企业的立法,制定和实施相关中小企业政策,才能够为中小企业的存在和发展提供一个良好的外部环境。我国政府在针对中小企业的立法和政策上尚未形成一个高效和完善的体系,对中小企业在立法和政策上的支持程度不够,没有对中小企业发展发挥应有的作用,对于知识产权保护仍存在一定困难。

总之，中小企业技术创新所面临的困难是多种多样的，其严重后果之一就是，尽管中小企业技术创新成果在全部创新成果中占有相当大的比例，从事创新活动的中小企业数目也很大，但中小企业从事技术创新的比例远少于大企业。这种状况大大降低了技术创新成果的产出，从而影响了很多产业和产品的竞争能力。因此，政府有必要了解中小企业技术创新所面临的各种困难，并采取相应措施帮助他们克服这些困难，以鼓励和推动更多的中小企业参与技术创新活动，提高创新能力水平。

第四章 构建中小企业技术创新能力的外部创新环境

中小企业技术创新能力提升的外部环境是一个复杂的系统,它包括若干要素,分别是:制度环境、法律环境、社会文化环境、市场环境、社会中介服务环境、投融资环境等。本文根据对与中小企业技术创新能力提升有着重要影响的几个关键要素进行阐述,这几个要素分别是社会文化环境、法律制度环境、投融资环境和社会服务环境。

第一节 构建中小企业技术创新能力的社会文化环境

中小企业技术创新不是孤立的事件,除了受企业自身的内部环境因素影响之外,外部环境也有着重要的影响。尤其是社会文化对创新的影响。创新本身就包含一种对旧事物的否定和扬弃,就是要打破陈规,特别是面对技术创新的高风险性,就需要在全社会营造鼓励创新、宽容失败的文化氛围。只有宽松、自由、包容的文化氛围才能促进人们对创新的追求。

众所周知,在近现代世界技术创新浪潮中,美国是一个迅速崛起的并引领创新潮流的国家。即便是在当代国际高科技的激烈竞争环境下,美国仍然保持着超强的优势。美国为什么能够在国际先进技术领域取得如此的成就呢?关键在于美国人的创新精神。美国史学家亨利.康马杰在论"美国精神"时说美国人"喜欢创新,不太尊重传统,对任例事情都愿意试一试""爱搞实验是美国人性格中根深蒂固的特点"。美国是一个崇尚自由竞争的国家,美国人具有很强的个人主义思想,强调个人价值、权利和个性的解放。这种个人主义思想在企业中就表现为自我表现和敢于创新。要自我表现,就要能够在工作上标新立异,追求卓越;要想自我表现,就要敢于冒险、勇于追求创新。要冒险、要创新,难免会遇到挫折与失败,而美国文化鼓励冒险、宽容失败。硅谷是美国高科技中小企业的聚集地,而中小企业正是美国创新的源泉。在硅谷,政府鼓励创业,鼓励创新,有了这种氛围,很多人才敢于冒险,敢于尝试,敢于创新。作为一个移民国家,美国并没有受到封建残留思想的影响,从独立之初就推崇自由、平等和民主。自由平等的思想也是美国企业创新的源泉。在美国企业里,员工愿意发表自己的见解,同时也不会轻易否定他人的意见。管理人员也经常与员工进行平等交流和沟通,鼓励员工提出意见和批评,鼓励员工参与管理和创新活动。

日本企业大多采取了"引进——消化吸收——再创造"的创新模式,这与日本文化历来注重学习和模仿的传统有关。日本企业可以实现在已有产品的基础上进行深度开发和品种的翻新。日本深受儒家传统文化的影响,注重家的观念,集体主义思想很强"。与美国的个人主义相比,日本企业的创新以集体主义为基础,强调集思广益、团队协作,同时鼓励别出心裁,鼓励对仍未得到验证的构思进行大胆尝试,并允许失败。日本企业也以锐意创新、富有活力而著称。其实日本企业创新更多是源于危机感、紧迫感和使命感。由于日本的自然条件比较恶劣,生存的压力使日本民族一直有着强烈的危机感。二战失败以后,日本国内经济濒于崩溃。这种残酷的现实激发了日本人重建经济的紧迫感和使命感。这种强烈的愿望促使他们为改变国家和企业的面貌而不断改革、创新。与美国不同的是,日本的中小企业是以创新为途径,通过不断创新而加强实力,不断地做大、做强,达到成为大型企业的目的。

中国是一个历史悠久的大国,几千年来深受儒家文化思想的熏陶。同日本相似,中国传统文化很重视集体主义,重视"集体"的价值与利益。这种观念有利于企业的团结和企业整体目标的实现。同时,儒家思想中也带有很强的保守与回避风险的思想,比如传统思想中的"木秀于林,风必摧之"等,都是要人们墨守成规、因循守旧。中国人害怕犯错误,害怕承担责任。由于缺乏责任意识和冒险精神,中国企业很多时候并不愿主动开拓进取,推陈出新。在企业的人际关系方面,中国历来推崇"中庸之道",主张人与人之间要和谐相处,而创新必然包含着对旧有事物的某种否定,必然会涉及到对现有利益的重新分配,容易引起纷争,这是很多人所顾虑的。中国企业等级观念很浓,封建等级意识在职工的潜意识里依然存在,崇拜领导权威,一般不愿发表自己的意见,这样既不用承担风险,也不得罪他人。所以,中国的企业里面缺乏主动创新的精神。即使有所创新,也是由于市场压力和竞争压力而被迫创新。

从以上分析来看,与美国、日本相比较,我国技术创新的起步较晚,而且我们最先应该解决的问题就是在思想上、在文化上去营造一个适合创新的氛围,创造良好的创新环境。在这一点上,我们应该借鉴日本的经验。在传统的儒家思想中,忠诚、和谐、仁义、诚信等都被日本企业运用达到相当高度,日本企业在这方面完成了儒家思想与西方的现代管理等手段的完美融合,形成了独具特色的"家"文化理论。我国与美国的文化差异较大,可以适当借鉴其文化中的优秀部分为我所用,用包容的态度去面对这些差异,创造一个宽容、宽松的多文化融合的环境。俗话说,思想决定行动,只有有了创新思想,才能够带动创新的发展。而不能盲目地照搬照抄美国模式,这样只能适得其反。

第二节 提升中小企业技术创新能力的法律制度环境

一、提升中小企业技术创新能力的法律制度环境现状

制度法律环境是指在发展中小企业技术创新的过程中,政府应主动为中小企业成长提供宽松的市场准入、市场秩序、市场体系、企业组织等各种制度环境,以及由政府或相关部门制定的影响中小企业技术创新的法律、政策、规定的集合体,主要包括国家及地方相关法律政策等。制度环境要素在中小企业成长中起着不可替代的作用。

在制度环境上。改革开放以来,中国中小企业得到了快速发展,形成了国有、集体、私营、外资多种经济成分共同发展的格局,中小企业已成为中国经济的重要组成部分。但是由于受我国长期以来的计划经济的影响,在市场准入、市场秩序、激励机制等方面还存在很多问题。

在法律政策环境上。我我政府十分重视中小企业的发展,从1998年以来相继制定了一系列鼓励和促进中小企业发展的政策和法规,加强了中小企业管理机构建设。为了进一步改善中小企业的经营环境,促进中小企业健康发展,扩大城乡就业,充分发挥中小企业在国民经济和社会发展中的重要作用,我国人大常委会制定并公布了《中小企业促进法》,并于2003年1月1日起实施。《中小企业促进法》确立了中小企业在国民经济中的法律地位,明确了政府管理部门的职责,并将扶持和促进中小企业发展的主要政策(如资金支持、创业扶持、技术创新、社会服务、市场开拓等)上升到法律高度,使中小企业的发展有了法律保障。

近年来,我国的法律制度经过不断发展已日趋完善,但与美国、日本等国相比还存在着较大差距。美国是个法制国家,在支持中小型企业技术创新上也最先体现在法律上。为了鼓励和支持中小企业技术创新,美国制定了一系列法律法规。1953年7月,美国《小企业法》正式出台。以《小企业法》作为基础和指南,随着《小企业投资法》《小企业管理法》《机会均等法》《小企业创新发展法》《加强小企业研究与发展法》《联邦技术转移法》《小企业经济政策法》(精简文件法)《灵活管理法》等专项法律、法规相继出台,形成了相对完整的中小企业法律体系。为了突出对小企业技术创新的重视和支持,美国国会还专门通过了《小企业创新发展法》《中小企业开发中心法》《扩大小企业商品出口法》等法律。这一系列比较完备的法律,为中小企业技术创新铺平了道路,提供了法规保障。

  日本是中小企业立法最健全、最完善的国家。《日本中小企业基本法》是在总结战后日本立法实践的基础上制定的,是中小企业发展的纲领性法规,被称为日本中小企业宪法。1985年颁布《中小企业技术法》,1986年颁布《特定地区中小企业临时对策法》和《特定中小企业者事业转换临时措施法》,鼓励、引导中小企业进行新的技术开发,并通过研究开发进行相应的行业转换,以求在新的环境条件下帮助中小企业继续获得新的发展。

  在制定发展计划上。除了法律政策之外,美日等国分别制定了一系列中小企业技术创新发展计划。例如美国制定的中小企业技术创新法案和中小企业创新研究计划、先进技术计划、中小企业技术转移研究计划、制造业推广合作计划,同时成立制造技术中心和制造技术推广中心等。日本政府于1981年开始实施《下一代产业基础技术研究开发制度》,1986年内阁会议通过《科技政策大纲》,1992年又推出新的《科技政策大纲》,发展重点放在高新技术产业上。为实现提出的目标,政府又制定了相应的科研计划,如第五代计算机发展计划、开发新材料计划等。1995年制定了《科学技术基本法》,以该法为依据,5年一个周期。我国也制定了火炬计划、星火计划等科技创新计划。这些计划不仅为中小企业提供了政策性的支持,更起到了良好的引导作用,为中小企业技术创新的长期持续发展提供了有力保障。

二、对提升中小企业技术创新能力的法律制度环境的对策

1. 加强立法支持力度

美国、日本等国都有明确的法律对中小企业的发展进行支持，而我国支持政策的说法多表现为意见、规定、办法等，在力度上明显较弱。虽然颁布了《中小企业促进法》，但还尚未形成强大的法律体系，对于很多情况还没有具体的规定，导致法律存在一些漏洞，操作起来存在一定难度，也使得监督和管理工作存在一定困难。

2. 设立管理机构体系

尽管我国政府在发改委下设立了中小企业司，各级地方政府也建立相应的分支机构，但是在职能配置和扶持力度上均无法适应中小企业的快速发展。所以，设立一个统一的中小企业管理机构来协调政府名部门有关促进中小企业发展及技术创新活动的法律政策的管理已经成为一种需要，同时除了官方的管理机构外，还应有非官方的，例如民间组织、商业协会等广泛参与，形成中小企业管理网。例如美国的小企业管理局（SBA），小企业管理局建立了覆盖全美的机构体系。它对企业的资助、咨询、救助工作，是通过其遍布全美国的业务工作网络进行的。该网络由两部分构成：一部分是小企业管理局直属机构，即在总局之下设11个区域级分局和69个地方管理处，遍布美国各州，由总局项目实施管理办公室统一协调管理。另一部分是由小企业管理局的外围机构和合作伙伴组成的社会化服务体系。应该鼓励中小企业集群式合作发展成立自己的行业协会组织，共同完善和管理中小企业。

3. 加强政府政策引导

除了完善和发展法律制度以外，政府还应该积极制定政府的引导政策，引导社会各方面力量服务和支持中小企业技术创新的发展，营造良好的法律制度环境。例如美国政府为了扶持和保护中小企业技术创新,制定一系列的政策措施。其中包括知识产权保护、政府采购、税收优惠、出口政策和鼓励创新等政策。我国也应该积极制定相应的引导政策。

第三节　提升中小企业技术创新能力的投融资环境

投融资环境主要是指中小企业获得所需资金的融资渠道、风险投资体系以及资本市场。融资渠道是指企业资金的来源和获得方式,例如利用国家的资金投入、创新基金、政府贷款、银行借贷、引入民间资本等。由于经济实力和信用问题的存在,中小企业融资问题阻碍了中小企业的发展。为此,各发达国家政府从多方面入手,大力拓宽中小企业的资金融通渠道,构建良好的中小企业投融资环境。

一、提升中小企业技术创新能力的投融资环境现状

融资一般包括直接融资和间接融资。直接融资最主要的渠道就是风险投资,其次是股权融资和债券融资。间接融资的渠道包含银行贷款或其他金融机构贷款等。我国中小企业投融资所面临的主要问题就是融资渠道比较少。

首先是我国的风险投资发展缓慢。风险投资机构的数量规模有限,且对已有的风险投资管理不善,没有形成良好的风险投资退出机制。与此相比,美国的风险投资发展较好。美国政府大力发

展风险投资并出资建立中小企业风险基金,或由民间组建、政府扶持专门面向中小企业进行临时性风险投资的创新与开发金融公司,以对中小企业进行风险投资。其业务活动方式主要是通过购买中小企业股票、债券,或向中小企业提供"参与式"贷款,在资金上对中小企业进行扶持。

风险投资基金投资设立的中小型风险企业以进行技术创新活动,或研究新技术,或开发新成果,或使新成果转化成产品。风险资本的导入,促进了技术创新成果的产业化。另外,美国政府还直接拨出专项资金进行风险投资。风险投资的发展,加快了中小型高科技风险企业的技术创新和发展。在日本,风险投资没有欧美发展得好。

其次是由于我国中小企业规模有限,信用度较低,银行等金融机构为了规避金融风险,国有商业银行一般只会将资金贷给大企业,对中小企业的融资很少。日本政府为了解决中小企业难以从民间金融机构得到足够贷款的问题,设立了面向中小企业的金融机构中小企业金融公库、国民金融公库、商工组合金融公库、环境卫生金融公库、冲绳振兴开发金融公库。美国建立了专门面向中小企业开展业务的金融机构,这种做法在发达国家是比较普遍的。美国的小企业管理局除了提供直接的资金支持(直接贷款、协调贷款)外,还通过资助设立小企业投资公司(SBICS),为小企业开辟了另一条重要的融资渠道。

再次,由于创新基金有限,多层资本市场尚未形成。我国设立的中小企业科技创新基金和国际市场开拓基金每年只有10多亿元,根本无法满足中小企业巨大的资金需要。中小企业由于规模小,没有盈利和信用记录,没有可供抵押的资产以及面临的不确定性程度比大企业大,其股票难以满足一般的股票市场上市条件。为此,一些国家纷纷开辟股票市场"第二板块",即创业板。我国也开辟了创业板,但是离成熟市场,例如美国的 NASDAQ 市场还有很大差距,难以大规模为中小企业,特别是科技型中小企业提供了直接的融资渠道。

最后,没有完善的信贷担保体系,缺少法律上的保障。由于担保的风险性较大且损失分担及补偿在制度和法律上没有保障,我国的中小企业面临的融资问题较为严峻。美国和日本都建立了相对完善的信贷担保体系。日本政府建立了信用保证协会。该协会是由政府全额出资、专门从事中小企业信贷担保业务的机构。同时,为了进一步提高贷款担保能力,日本政府还全额出资建立了中小企业信用保险公库,作为信用保证协会的再担保机构。当中小企业在信用保证协会的保证下,从金融机构取得贷款后,信用保证协会即在保险公库按担保金额进行再保险。当中小企业因某种原因届时无力偿还贷款时,保证协会可以从保险公库领取相当于偿还金额 70%～80% 的保险金,代替中小企业偿还。当保证协会从中小企业收回欠款时,再将其中的 70%～80% 还给金融公库。信用保证协会在日本全国各地设有 52 个分支机构,中小企业在向金融机构申请贷款时,可以就近得到它们的帮助,从而大大降低了资金获取的难度。

二、对提升中小企业技术创新能力的投融资环境的对策

我国仅从 1997 年才开始重视发展中小企业,如果从地方政府的指导思想和对企业发展的政策方面排序的话,国有企业位列第一位,外资企业位列第二位,非国有的中小企业仍然处于最后的位置上。从对外招商引资为例,以二战后的日本为例,资金短缺严重困日本经济的发展，但从未发现日本政府到国外招商引资。然而，我国改革开放以后，招商引资则成为地方政府的工作重点。而在投融资体系中，我们用牺牲自己的市场、提供原材料、利用廉价劳动力来吸引外资，而我们的民间资本却没有充分利用起来，这是值得我们思考的问题。由于我国中小企业技术创新的投融资环境存在着许多不足，这直接影响了我国中小企业技术创新大发展和企业综合实力的提升，所以针对这些问题，借鉴美、日两国在这方面的实践经验，立足我国的实际情况，提出以下几点对策：

首先，要推动风险投资的发展。我国的风险投资从1985年开始起步，至今已取得了长足的发展，也积累了一定的经验。但是仍然无法与发达国家比拟。当前，我国政府应该制定完善的有关风险投资的法律法规，培育风险投资的市场主体，引入市场和竞争机制，建设各类风险投资中介，吸引各类资本参与风险投资市场运作，畅通风险投资退出市场的渠道，要发挥市场在社会资源配置中的调节作用。

其次，建构多元化的投资主体，加大财税支持。除了一般意义上的政府、银行、金融机构、上市公司等投资主体外，我国还可以引入民间资本，使之成为投资主体的一部分。而对于中小企业来说，本身资金就比较紧张，加上征收的各种税，无疑是雪上加霜。我们可以借鉴日本的财税优惠政策，对创新企业进行适当的财税减免、财政补贴以及提供专项技术开发补助。

最后，要完善信用担保体系。国有银行之所以倾向大企业进行贷款，原因之一就是大企业有相对较好的信用。而中小企业在这方面缺少相应的信用评价机制，信誉度相对较低。所以规范信用评价制度，营造信用环境，实现信息共享，有助于社会及时了解其生产经营状况和信用状况。另外还要加强政府、担保机构和银行间的合作,加快建立全国性的担保机构,支持和鼓励设立中小企业信用担保基金,完善关于信用担保的行业准入以及风险控制补偿机制。同时,要加强监督和管理。

第四节 提升中小企业技术创新能力的社会服务环境

社会服务环境包括中介服务环境、信息服务环境、人力资源环境、中小企业孵化环境等要素。

一、中小企业技术创新能力的社会服务环境现状

关于中小企业技术创新的中介服务环境。中介服务就是为高新技术以及高科技产业发展提供重要的服务支撑体系。这是一种新兴的、知识密集型的专门服务业。它的主要业务包括咨询服务、生产技术服务、管理服务、法律服务以及信息服务和工程设计服务等在内的与科技相关的高知识含量的新兴行业。例如美国政府以中小企业管理部门为主导,集成社会智力资源,设立或支持设立为中小企业提供智力支援的综合机构,如美国的退职经理人员服务团和在职经理人员服务团,它们在小企业管理局的推动下设立,分别由已经退休和在职的各类专业人才,如会计、律师、工程师、银行家、零售商、制造商等组成,在小企业管理局的指导下,针对中小企业的各方面需要,提供免费的指导和培训服务。日本政府自1948年开始推行的中小企业诊断制度,按照这一制度,在各都道府县及大城市广泛设置"中小企业综合诊断所",由政府出资,考核、聘用具有各方面专长者为"中小企业诊断士"或"经营顾问",专门从事中小企业的诊断指导工作。中小企业在经营活动中遇到诸如技术设备、经营方针、生产方法、产品营销、质量保证、成本核算等方面的问题,均可就近向"诊断所"提出援助申请,诊断所将根据不同情况,选派相应的专家,前往企业坐堂会诊,提出解决方案或改进意见,免费提供服务。目前,我国有31个省级中小企业服务中心,各类专业服务机构200多家,为中小企业提供创业辅导、管理咨询、人才培训等各种服务。

信息服务环境。信息服务是推动当代中小企业技术创新发展的重要影响因素。只有先进的信息服务技术,才能为提升中小企业技术创新能力不断提供源动力。现代企业竞争不仅仅是产品和市场的竞争,更多时候是信息的竞争。我国中小企业由于资金能力投入有限,获取信息渠道狭窄,对于信息的收集和获取能力有限,导致很多中小企业没有把握住先机或是造成了重复开发的现象。相比之下,美国为中小企业提供信息与服务的渠道很多,主要包括由联邦小企业局设立的免费电话电脑查询业务、免费的公共信息服务、网上商业顾问等服务,同时还向企业提供网上培训、销售信息和政府采购等信息和服务。

人力资源环境。人力资源要素是中小企业技术创新能力的核心要素。所以,推动和提升中小企业技术创新能力提高的最核心、最关键的问题就是人才问题。我国政府提出了科教兴国战略,同时也倡导以人为本。以人为本就是要把培养、引进人才放在工作的第一位,要努力为创新人才的培养创造好的环境。科技的进步源于高科技人才的技术创造。长期以来,日本十分重视高科技、高素质人才的培养。2003年,《科学技术白书》提出了日本科技人才概念图,明确提出了为实现科学技术创造立国,今后要培养和吸引五方面科技人才,分别是专业技术人才、经营管理人才、科技成果社会化人才、科技普及人才、技能型人才。日本技术的引进——消化吸收——创新的成功是与大批优秀的技术人才奋斗在生产第一线分不开的。日本的教育重视与产业的结合,重视发展各级各类的特别是高新技术产业相关的高层次职业技术教育,从而为消化从欧美引进的新技术并在此基础上进行创新培养大量的高级技术人才。而我国引进的技术再创新的成功率不高,在人才培养方面,培养的是批量生产的人才,缺少实际动手操作能力,缺少创新能力,与产业结合得不紧密,不仅造成大量人才浪费,更加重了社会就业压力,从而影响中小企业技术创新乃至整个社会的发展。

中小企业孵化环境。企业孵化器是为了提高企业的成活率和成功率而发展起来的一种新的社会经济组织。我国在1984年首次提出了创业中心也就是企业孵化器的概念。目前,我国已有多种类型的孵化器,例如软件园、科技园、留学人员创业园、科技园区、创业服务中心等等。1997年以来,选择了青岛、合肥、绵阳等城市,结合科技体制改革,奖励以城市为依托主要为中小企业技术创新服务的区域性、专业性技术中心,同时建立和完善各类技术创新服务机构。目前,中国已成立技术创新服务中心40家,生产力促进中心500多家,高科技孵化器100多家,为中小企业技术创新提供了有利的支撑。

二、构建中小企业技术创新能力的社会服务环境对策

借鉴美、日两国关于社会化服务环境的建设,首先要设立一个智力支持服务机构,如日本的"中小企业综合诊断所"、美国的小

企业管理中心。而社会服务内容可以从以下几个方面展开：首先，利用那些从政府部门、科研机构、大中专院校以及离退休科技人员中选派一批经验丰富、技术水平高、责任心强的技术专家，组成中小企业技术顾问团或建立中小企业技术指导中心，采取各种形式，为中小企业提供免费技术指导和技术咨询。其次，政府应创造条件，促进中小企业同大中专院校、科研机构、国家实验室等单位的合作，采取合作开发、委托开发等形式，提高中小企业的技术水平，避免设备资源重复购置造成的浪费。再次，充分利用计算机、网络等先进技术手段，逐步建立面向中小企业的信息网络系统，提高中小企业的信息获取和开发能力。再者是加强对中小企业技术人员的培训。制定优惠政策，如技术入股、保留原有身份、减免个人所得税等，鼓励和吸引大中专院校和科研机构等单位的研究人员及大中专毕业生到中小企业去创业。这既可以缓解我国政府机关及各科研单位的就业压力，为我国事业单位改革创造有利条件，又可以提高中小企业技术人员的素质，增强中小企业技术创新能力。最后，大力发展和建设国家级科技中介机构，加大科技成果的转化及产业化。

引导促进我国中小企业参加国际交流合作，是我国中小企业进入国际市场、参与国际竞争、学习国外先进技术和管理经验、提高自己的创新能力和竞争能力的良机。主要有以下几种方式：一是加强国际科学技术合作与交流的高水平的基地建设。加大聘请外籍高水平研究员的力度，为国内研究员出国研究提供便利条件，鼓励大学或研究机构聘请世界一流专家开展学术交流，与国外知名大学或研究机构建立合作关系或设置研究所。二是通过参与或加入联合国教科文组织、国际经济合作开发机构、亚太经合组织等国际机构的活动,进行广泛合作和交流,发挥本国的作用。三是建立国家级科学技术情报中心,进行科技信息的收集、加工和整理,与美国、德国、日本等建立国际科学技术情报网络系统,保障及时获取先进全面的科研信息,为本国相关部门工作部署创建有利条件。

  政府要促进产学研一体化进程,鼓励大专院校、科研院所与中小企业的合作。大专院校、科研院所属智力密集机构,其中聚集着大量为中小企业发展所亟需的知识、技术和人才。充分利用这笔丰富的资源,通过设立中介机构或创建相应的机制,建立双方联系沟通的渠道,促进双方合作,是发达国家政府对中小企业提供支持的又一项具体措施,并且收到了非常好的效果。例如日本的"官、产、学、研"的联合合作模式,又如美国的小企业研究所,它是小企业管理局在全美近500所大学里利用学校的人力资源建立起来的向小企业提供帮助的机构,由各院校企业管理专业的高年级学生、研究生以及教职员中的顾问人员组成,在小企业管理局指导下向小企业提供免费的现场管理咨询服务。小企业发展中心,它是由联邦政府通过小企业管理局以及各州和地方的各类公私机构共同筹资,利用各地大学、学院里的智力资源成立的专门面向中小企业提供帮助的机构,其任务是向全美的小企业提供管理及技术上的援助、提供研究成果和其他如个别咨询、业务培训等专门化的协助,目前在全美各地有上千家。通过这些措施,中小企业与大学、科研单位的联系加强,这些机构的智力资源得到了进一步的挖掘和发挥,中小企业的发展也获得了新的动力和保障。

第五章　提升中小企业技术创新能力的企业行为

中小企业技术创新能力的提升不仅仅要靠外部提供创新环境和制造创新条件，更重要的是要依靠中小企业自身的发展来达到这个目的。但是，单个中小企业发展终归是存在着难以逾越的障碍，中小企业在人才、融资、销售和信息网络的建设方面存在困难，使得中小企业存在缺乏核心竞争能力、抵御风险性差、资金短缺、技术落后等劣势，以及因经济体制不完善所形成的不利宏观环境等等现实条件的制约，成为中小企业发展的"瓶颈"。寻求中小企业长远发展，提高企业核心竞争力，提升中小企业技术创新能力是重中之重。然而这一切都需要在企业内部对创新有深刻认识，能够营造一个良好的创新氛围，并且努力寻找一个适合中小企业发展、技术创新能力提升的方式和道路。

纵观世界各国中小企业的发展，尤其是发达国家，例如美国、日本、新兴工业化国家的韩国等，都提供了优越的外部环境，制定相对完善的法律、法规等政策来支持、引导、推动中小企业的发展。企业也采取了适合自身发展的道路。就日本的中小企业来讲，日本中小企业根据自身特点形成了独具特色的企业集团，其中包括了横向的系列企业体制和纵向的下请企业和主力银行制度。这些制度提供了分工和合作体系,提高了生产效率,同时也给了中小企业群体发展机会,形成坚强的竞争团体和命运共同体。例如,下请企业制度,通过与大企业的合作,对大规模生产进行了有序、高效的分工,提高了中小企业的生产率;主力银行制度使众多中小企业与银行相互持股,相互合作,紧密地围绕在金融机构的周围,有效解决中小企业发展中资金不足的问题。这些制度的形成对中小企业提高技术水平、提升技术创新能力起到了不可估计的作用。所以,国内中小企业也要找到这样一个能够克服自身弱点,并能够实现"双赢"的发展方式,这个方式就是要走中小企业集群化的发展道路,利用集群所创造的良好创新环境和群内优势来提升中小企业技术创新能力。

第一节　中小企业集群创新环境及其优势

一、中小企业集群创新

中小企业集群的技术创新主要是指在以专业化分工和协作为基础的同一产业或相关产业的中小企业集群内,由多个中小企业、大学和科研机构、中介机构、政府、金融机构在协作中进行合作技术创新。这种创新将中小企业集群优势融入到技术创新环境中,产生技术创新的聚集效应。中小企业集群作为企业和市场之间的中介组织,是产业组织发展的新形态。集群的产生形成了新的技术创新主体,它把单个企业的创新行为聚集起来,联合成在更大产业与地域范围内的集体创新行为,并且通过整合集群内企业的专业知识、技能、资金、设备等要素,形成集群整体的技术创新优势,从而提升产业、地区和国家的技术创新能力。

中小企业集群以其强劲的竞争优势,成为了突破中小企业自身组织形式的限制,使其参与到国际市场竞争并成为中小企业成长壮大的有效途径。中小企业集群已成为当前世界经济的普遍现象,是国家和区域发展经济、参与竞争的骨干力量。因此,中小企业应当充分利用集群的优势,主动开放自我,善于借用集群中的"外生"资源,优势互补,协同创新,依靠企业与企业之间、企业与其他机构之间的密切联系而构成技术创新,这将会大大加速知识和技术的创造和扩散,促进中小企业和集群技术创新能力的提升,保持中小企业以及中小企业集群的持续发展,同时也是发展区域产业的需要。

二、集群创新优势

集群创新具有不同于单个企业创新的巨大优势。一般认为集群创新至少在人才资源、技术、资金的可得性,信息知识的传播,创新的动力,创新风险等方面具有较大的优势。

1. 人才资源优势

相对于单个中小企业对于人才的吸引力,中小企业集群更有利于聚集人才。这是因为在集群内,有大学、科研机构、培训机构等,可以形成专业化人才的供给,而集群内强大的吸纳能力也会吸引人才不断加入,再者,群内拥有较高流动性的熟练技术工人和资深科学家和工程师等人才,有利于企业对人才的获得,同时人才的流动也带动了知识和技术的交换、碰撞、更新,有利于技术创新能力的提升。

2.融资优势

资金好比是中小企业的血液,相比单个中小企业,企业集群在融资方面更有优势。在直接融资方面,在集群内中小企业可以有效利用民间资本来拓宽融资渠道,这在我国江浙地区的中小企业中运用较广。利用民间闲散资金,不仅促进地方产业的发展,也能够带动本地经济的发展,一举多得。其次,集群融资降低了民间资本投资的风险。再次,产业集群比单个企业更容易得到政府关注并获得金融及财政上的支持。在间接融资方面,企业集群提高了中小企业的信用,增加了中小企业获得银行贷款的机会,同时降低了银行的信贷成本和管理成本,促进资本的良性循环,降低银行的信贷风险。在风险投资方面,中小企业集群更具有吸引力。

3.技术优势

产业集群内的众多中小企业和大学、研究机构等形成了技术创新网络,出于存在竞争压力,促使中小企业技术创新步伐不断加快。也因为地理集中,各个企业和研究机构间的信息交流比较便捷且费用较低,相互学习和交流使得技术和经验产生,促进了技术创新的产生和扩散。

4.信息知识传播优势

集群创新系统是群内中小企业和大学、研究院所等机构因近距离集聚形成了一个创新网络,系统。这种网络系统使信息和知识的传播不再是单一直线式的,而是网络状的,它加快了群内信息知识的传播速度和效率。群内企业近距离的聚集导致网络变得稠密,加速了知识和信息的传播和扩散,并使得——些隐性的知识也得到了有效的传播。群内信息知识的快速传播有利于群内企业间的学习,促进了各创新主体对群内技术知识的获取与共享。

5. 风险优势

集群内企业都处于一个共同的创新网络系统中,某一节点上出现和采用的新技术,能给其他企业的创新提供信息和方向,从而使得其他企业能相对容易、快速地把握本环节技术创新的方向,降低创新的风险。另外,集群的集聚效应也使得群内企业能更容易获得各种创新资源,从而能降低企业在资金、人才、技术、市场等其他方面的不确定风险。

6. 合作创新优势

合作创新是在企业与企业之间、企业与科研机构之间、与高等院校之间的联合创新活动。以合作伙伴的共同利益为基础、实现信息和资源的共享,实现优势互补,使得信息对称,从而减少不确定因素,增强信任感。由于中小企业通过合作创新出现专业分工,相互间技术创新资源互补,不仅增强了中小企业的技术创新能力,也提升了整个集群的创新能力。

三、集群创新环境的优势

根据日本学者植草益提出的中小企业集群三种分类方式即"场地产业""城市型中小企业""下请中小企业"来分析一下我国目前中小企业集群的分类。我国目前的中小企业集群大体上也可以分为三类。一类是根据当地的工商业传统发展起来的乡镇企业集团,例如浙江、宁波和温州地区的服装业集群、小商品业集群,这和日本的"场地产业"和"城市型中小企业"类似;一类是有外资直接投资驱动形成的外向型的加工工业区,例如我国的珠三角地区的家电业集群。这与日本的"下请中小企业"相类似,只不过是日本的下请中小企业服务的是本国的大企业,且历史悠久,而我国的这种外向型加工工业区由外商投资,服务的是国外的企业,且处于刚刚起步阶段,还没有在国内形成成熟的大企业与中小企业合作与分工的模式;还有一类是由政府引导建设的高新技术产业开发区,例如中关村、绵阳的家电工业园等。这些中小企业集群与单个中小企业相比在环境上具有更多优势。

1. 有利的创新政策与文化环境

政府为了促进中小企业进行技术创新活动,制定了一系列政策和措施对其进行激励、协调、引导和保护。与中小企业技术创新联系比较紧密的政策包括科技计划、中小企业技术创新基金、财税金融政策、政府采购政策等"。集群内的政策实施环境要优于单个企业,因为集群的受关注程度更高。

有了有利的政策环境还需要有利的文化环境。中国的传统文化注重集体的利益,个人利益与集体利益冲突时,常牺牲个人的利益,保全集体的利益。所以中国的传统文化更能支持集群创新,集群内的企业在共同的价值观念和行为规范的基础上,共同营造鼓励创新,宽容失败的文化氛围,使创新文化为创新活动提供强大精神动力和智力源泉。

2. 更好的动力环境

市场是技术创新思想的起点也是技术创新产品的最终归宿,贯穿整个技术创新活动的始终。要想在竞争中处于不败之地,就需要不断提高技术创新能力。市场的需求拉力与市场竞争压力共同建构了中小企业技术创新能力提升的动力环境,集群内中小企业众多,这种竞争压力要比单个企业更大,能够形成很好的"赶""超"局面,促进整体创新能力的不断提升。

3. 更有利的融资环境

鉴于中小企业规模小、实力差等各个方面的原因,中小企业直面临着较为严峻的融资环境。资金短缺融资难是我国中小企业普遍面临的问题,也是制约我国中小企业创新投入的一个首要的问题。产业集群的巨大吸聚作用,不仅把人才、技术吸引过来,更重要的是把资金也吸引了过来。一般来说,对中小企业的创新投资多属于风险投资,产业群集容易使风险投资家了解产业的发展动态,判断拟投资企业的发展前景,从而降低投资风险和寻找投资项目的信息成本。这样,产业集群多的地方,吸引的各种风险投资资金也就更多,和分散经营的中小企业相比,位于群内的企业,其融资环境相对要好。

4. 有利创新的技术环境

集群创新能为群内中小企业提供一个更好的技术生成和技术传播的环境。集群内更容易获得各种创新资源包括技术资源,同时信息知识也更容易传播,这是集群创新的两个优势。前者使新技术、新知识的产生更加容易,有利于群内企业创新的生成。后者加速技术知识的扩散和传播,使得群内企业能更快捷地了解、学习、掌握所需要的新技术和新知识。

5. 有利的人才环境

集群内中小企业众多,集群环境内聚集了大量的人才,各种人才的聚集和流动,可以满足不同层次企业的人才需求。

6. 有利的基础设施环境

基础设施环境,除了我们一般意义上所说的能源、交通、电力通讯以外,还包括了为区域创新主体服务的各种公用设施和信息设施。例如公共图书馆、公共信息服务网络以及中介服务等能够为知识的交流学习提供公共空间的有形设施。集群内的基础设施相对齐全、完善,而且节约成本,为群内中小企业提供了有利条件。

7. 有利的信息网络环境

在集群内有数量众多的中小企业,也有大学、科研机构等,他们相互影响,分工合作,相互学习,同时也相互竞争。地缘优势使得相互间信息流动比远距离交流更快捷,准确性更高。尤其是在同一产业内,这种知识和技术信息的转移和扩散更容易产生碰撞,催生出更多的创新思想,而在集群网络内每个企业都是节点,这种网络环境有利于技术思想产生,推动技术创新发展,提升技术创新能力。

四、利用集群创新环境提升中小企业技术创新能力的途径

1. 产学研合作

产学研合作形式在世界范围内被大量采用,依靠科研院所、高校等科研机构的人才优势和技术优势来提高企业的研发能力,开发新产品,提供新服务,其主要的竞争力取决于生产经营和研发能力两个方面,高校和科研院所同企业进行优势互补,使产品在市场上更具技术含量和竞争力,也为高校和科研院所的研究提供了新的研究方向和发展空间,加快了由潜在生产力向现实生产力转化的步伐,也促进了整个集群内的知识积累和沉淀,为日后长远发展奠定良好的基础。

2. 技术引进

技术引进是指机器、设备、工具和中间产品等物质性资源的转移,以及通过技术许可证、技术购买、技术转让等方式获取的技术资料的过程。二战后,日本就是靠大量的技术引进,然后进行消化吸收再创新,为日本经济起飞做出了巨大的贡献。而我国在20世纪70年代末80年代初也采用了以成套设备引进的技术引进方式来提高企业的生产能力。这种方式可以在一定时期内避免重复开发,避免资源浪费,在技术落后状况下,较快赶上技术发展步伐。但是要在消化吸收基础上进行二次创新,才能实现技术跨越,创造新产品。只有掌握核心技术,才能真正实现"赶""超"的目的。

3. 自主研发

自主研发需要中小企业有雄厚的资金实力、较强的技术能力和收集信息的能力,同时更要有很强技术能力的科研人员,要在企业内有自己的研发中心或独立的研发机构。人、财、物、信息再加上良好外部环境,自主研发才能得以顺利开展。没有前人的引领,所以自主研发面临的风险很大,但是,一旦成功,就会获得很高的回报。

4. 合作研发

合作研发是指企业、科研院所、高校、行业基金会、政府等组织机构为了克服研发中的高投入和不确定性、规避风险、缩短产品的研发周期,节约交易成本而组成的伙伴关系,它以合作创新为目的,以组织成员的共同利益为基础,以优势资源互补为前提,通过契约使企业联合行动而自愿形成的研发组织体。中小企业进行合作研发主要是因为企业自身技术能力和资金实力不足的情况下,通过合作研发来发展提升技术创新能力,分散研发项目的风险,提高效率。在进行产品创新和工艺创新时,可采用这种合作研发方式,提升研发成功概率。

5. 合作生产

合作生产方式在我国近些年来发展迅速,因为我国有稳定的政治环境、良好的政策支持、低廉的人力成本和充足的原材料供应以降低生产成本,所以很多企业纷纷向中国伸出了橄榄枝。通过合作生产的方式引进和学习技术,利用发达国家企业技术,进行差异化发展,进而创新,实现技术能力的积累和技术赶超。

6. 企业并购

有实力的中小企业也可以通过并购的方式直接获取对方的技术为并购方所有,或者通过外部和内部技术创新项目整合,提升整体的核心能力,再有就是利用被并购方的市场渠道、品牌优势或者技术优势,通过改造,形成新的知识能力,迅速提升企业的技术创新能力。

7. 中小企业创业中心孵化创新

近些年来,我国建立很多高新技术创业中心,创业中心提供各种服务,扶持和开发新技术和产品,使孵化高科技企业进入科技成果产业化阶段。通过项目设立的类型,走企业孵化的产业化道路,经过孵化,在技术工艺、市场定位等方面走向成熟,通过虚拟制造实现批量生产,进行有选择的多渠道融资,通过滚动发展或嫁接资金实现产业化规模经营。利用企业孵化———虚拟制造——产业化模式实现技术创新。这种模式能够提高中小企业的成活率,并能够降低创业初期中小企业发展所拥有的各种风险。在目前,这种方式值得大力推广。

第二节 促进中小企业技术创新能力提升的企业内部行为

根据企业类型和企业自身条件,不同的企业追求技术创新和需要提升自己的创新能力要求也就不同,例如一般传统的中小企业,最优先考虑的是企业的生存问题,然后才是考虑到企业的发展壮大,它所要求的就是较低层次的技术创新,在提升技术创新能力方面必然与高科技中小企业不同,传统中小企业没有特别迫切的对技术创新的追求,且与高科技中小企业技术创新能力相差极大,而外资直接投资的加工型的中小企业更多依赖国外的订单,进行某一配件或是零部件的生产,依赖国外的技术或是已成熟的技术,对于技术创新的能力的要求要比传统中小企业高,生存是基础,但是若想长远发展或壮大,必然要求中小企业重视技术创新能力的培养与提升从企业内部行为着手。

一、加强制度创新,完善激励机制

1. 深化产权制度,建立现代企业制度

激发中小企业技术创新活力的关键是实现中小企业产权结构多样化。要实现产权主体的明晰化和产权结构的多元化就要加快产权制度改革的步伐。支持职工自愿入股的同时,大力鼓励多种经营成分参股,放手让民营经济控股。规范改制企业动作,实现经营机制公司化、管理制度化。搞好股本的优化重组,使股本尽量向经营者和管理者集中,走出"人人持股,人人无责"的"新大锅饭"误区。鼓励社会各类投资者以技术、知识等要素投资中小企业,以吸纳各类科技人才和管理人才。技术创新活动涉及中小企业的多个部门,只有有效的组织和管理才能完成技术创新,在我国中小企业中建立现代企业制度,是必要的。

2. 建立完善的激励机制

技术创新的主体是企业,企业的主体是人,离开了企业员工的创新积极性,就不可能有技术创新,因此最关键的因素在于建立有效的技术创新激励机制,使创新利益的分配有利于为企业技术创新做出贡献的人。把科研人员在新技术、新产品研制中投入的复杂劳动与成果商业化后取得的经济效益挂钩,不仅提高技术创新水平和加快科技成果商品化进程还可以最大限度激发科技人员和员工自觉参与技术创新的积极性。

第二节 按需引进

所谓按需引进,就是指中小企业要按照自己的实际需要从外部引进。中小企业应定期地对自身的技术创新能力进行评估,必要的情况下可借助于有关专家或者中介机构进行此项工作。通过评估可以发现自己在哪种能力上有所欠缺或存在哪些薄弱环节,针对问题进行研究探讨解决方案。或是通过人才引进、资金引进、技术引进,或是信息引进来解决问题。不管是哪种引进,都要考虑中小企业眼前或未来一段时间内的实际需要,尤其要处理好日常生产技术能力和技术创新能力两者之间的关系。

一、提高企业家素质,培养创新人才

熊彼特认为,创新是企业家行为,创新的每一个环节都需要企业家敏锐的眼光、果断的决策与高效的组织能力。中小企业结构简单,经营者既是创新活动的组织者,又是创新风险的直接承担者,其知识素质、价值观念对企业创新行为具有决定性的作用。在这种情况下,重要的是提高他们的素质,培养其创新精神。

中小企业技术创新不仅要依靠企业家个人,更需要大量创新人才。创新人才是技术创新的主体,所以要在企业内部形成一整

套人才培养、使用、评价和激励机制,激发他们的工作热情,提高他们的创新能力。同时要进一步深化企业分配制度的改革,鼓励技术要素以各种形式参与收益的分配,逐步加大知识资本投资入股的确认比例,形成良好的聚才机制,吸引更多的国内外优秀人才积极投身于中小企业的技术创新活动中。

二、加强技术联盟、走合作创新之路

任何一个企业都不可能掌握所有的技术,一般只是在单项技术上有所突破,再同其他技术组合。因此企业可以通过与研究机构、其他企业合作开发技术,或者通过聘用兼职人员实现技术联盟、合作创新。

1. 建立与其他相关企业的技术联盟:包括中小企业与大企业之间的合作以及中小企业之间的合作,通过中小企业相关企业在地域、产业、生产等方面的联合协作,共同进行对各方有利的技术创新活动,不但使中小企业技术创新活力大大增强,而且也使其成本降到最低,从而提高了技术创新的能力和效率。

2. 建立产学研合作运行机制:即中小企业在技术创新过程中,与高等院校、科研机构在风险共担、利益共享、优势互补、共同发展的原则下合作,进行技术创新。这是我国及世界发达国家的中小企业技术创新成功的经验,产学研合作能降低中小企业技术创新的风险,大幅度提高中小企业技术创新的水平和成功

这里涉及到一个问题就是要有选择地合作。中小企业要选择那些与本企业能够实现优势互补的合作伙伴作为合作对象,通过与对方实现技术合作,吸取对方的长处,从而提高自身的技术创新能力。合作对象可以是生产同类产品的竞争对手或大型企业,通过签订某种合作协议,使其转化为合作伙伴;也可以是针对某个技

术创新项目与高等院校、科研机构合作,借助于对方雄厚的科技力量,以弥补企业自身研究开发能力和其他创新能力的不足。

三、有针对性地并购

有针对性地并购,是指中小企业针对某些特定对象采取收购、兼并的方式实现发展、壮大。中小企业通过并购可以获得所并购对象的技术,同时将掌握技术的人才也吸纳到本企业,这是一种简单而快捷地获得新能力、进入新领域的途径,且不可不顾自身的发展状况,盲目并购,导致企业资金周转不利,甚至破产。

四、积极主动地利用好外界信息和政策

中小企业在日常的工作中,要密切注意各种信息动向,诸如技术动态、政府有关技术创新的优惠政策、各类媒体发布的有关信息等。一旦工作中出现此种问题(例如创新资金短缺),中小企业就可较快地通过相应的信息,寻求到解决问题的方法。对于政府发布的有关对中小企业技术创新的促进政策,中小企业应充分利用,不可等闲视之。因为对信息、政府政策的利用或执行过程,也是提高企业自身技术创新能力的过程。

五、注重专利和知识产权的保护

中小企业由于自身的种种限制,对于专利和知识产权的保护意识还不是很强。而国内的专利申请和知识产权保护相关部门工作效率不高、程序多、耗时长、费用高,也是令中小企业望而却步的一个重要原因。在全球经济一体化的今天,技术专利就是企业发展的根本,对于专利和知识产权要有足够的认识,做到自我保护的同时也避免在自己未知的情况下侵权,带来不必要的纠纷。只有这样,才能享受到技术创新带来的巨大经济效益,也能够有足够的动力进行技术创新,提升自身的技术创新能力。

从单个企业到集群发展，都是为了中小企业能够发挥自身的优势，避免自身存在的劣势，在技术创新中，利用企业内部资源环境，包括人、财、物、信息等，和企业外部创新环境一起为中小企业技术创新活动的顺利发展，为提升中小企业技术创新能力营造条件。

国家经济发展，始终是靠企业的发展，国家的创新体系建设，同样也是千万个企业构建所成，占有我国企业99％以上的中小企业是国家建设创新体系的重要组成部分，建设创新型国家，究其根本也是要落实到企业的技术创新能力上来。所以，单个企业的发展，影响是有限的，而中小企业集群的发展则影响到一个区域，而千万个这样的集群带动的是整个中国的发展。

第六章 青岛海水稻研究发展中心简介

目前,我国对于海水稻的研究主要有三个方面,一是耐盐碱水稻及盐碱地稻作改良配套技术,二是超高产杂交稻与第三代杂交水稻技术,三是稻米品质与食味。

1. 耐盐碱水稻及盐碱地稻作改良配套技术

盐碱地稻作改良配套技术是通过综合利用物理网土地数字化技术、水土循环控制等盐碱地改造措施,结合选育的耐盐碱水稻品种对盐土、碱土和盐渍化土地进行改造利用,使其可以进行农业生产。我国目前有3500多亩沿海滩涂、15亿亩内陆盐碱地,其中近3亿亩可以进行改造利用。中心计划3~5年内改造1亿亩盐碱地,为实现"确保粮食安全,坚守18亿亩红线"目标贡献力量。

2. 超高产杂交稻与第三代杂交水稻技术

袁隆平院士的毕生追求是"发展杂交水稻,造福世界人民",全球水稻种植面积约1.5亿公顷,目前杂交水稻种植面积尚不足10%,若提高到50%,增产的粮食可以多养活4到5亿人。超高产杂交稻在确保粮食安全方面的重要性不可替代,我中心2014~2016连续三年承担超级杂交稻"百千万"高产攻关示范项目,取得亩产1054公斤的超高产成绩,刷新北方稻作区的高产记录。

3. 稻米品质与食味

稻米品质与食味研究的目标是建立覆盖全生命周期的稻米品质食味研究体系,以稻米食味的持续改进为目标,通过构建差异化、个性化的稻米食味标准体系、优质稻米育种指南、种植与加工技术规范、烹饪食味数据库、烹饪曲线数据动态模型库、稻米溯源查询系统等技术体系,在育种、种植、植保、加工、存储、烹饪等各个环节开展稻米品质食味的全方位研究,建立覆盖全生命周期的持续改进的评估与认证体系。这一工作必将助力农业生产的供给侧结构性改革,实现新旧动能转换,提升我国农业技术水平,为"一带一路"战略提供技术与产业支持。

第一节　海水稻技术创新需求分析

一、技术创新目标

1. 耐盐碱高产水稻(简称"海水稻")

通过分子标记辅助选择与常规育种技术相结合,建立水稻耐盐、优质、抗病、高产多基因聚合育种技术体系,将优质、抗病、高产、耐盐基因聚合到优良水稻品种中,三至五年内选育出适合我国沿海滩涂不同生态区和部分内陆盐碱地种植的高产优质多抗耐盐(碱)水稻新品种(组合),在盐分浓度1%海水灌溉种植条件下,产量达200~~400kg/亩。

2. 遗传工程不育系超级杂交稻

研发超级杂交稻新品种,研发目标是选育出可供产业化推广的亩产在 1000kg/亩以上的超级杂交稻新组合。特别是基于国家杂交水稻工程技术研究中心遗传工程雄性不育系技术路线,选育我国第三代遗传工程不育系超级杂交稻新组合,三至五年内达到产业化推广水平。

二、任务需求分析

1. 海水稻任务需求分析

1) 沿海滩涂开发是国家中长期发展战略的需求

我国大陆海岸线长达 1.8 万公里,分布于辽、冀、津、鲁、苏、沪、浙、闽等 11 个沿海省(市、自治区)。据调查,我国现有滩涂总面积 3518 万亩,其中未围垦的滩涂 750 万亩,目前仍以每年 1.9 万亩的速度淤长,是我国不可多得的土地后备资源。我国内陆盐碱地主要分布在包括西北、东北、华北和滨海地区在内的 17 个省份,总面积近 15 亿亩。近期可开展农业利用的盐碱地面积达 3 亿亩,综合利用潜力巨大。辽宁省的滨海盐碱地主要集中分布在辽河三角洲和鸭绿江口区两地,总面积约 1860 万亩。其中近期可利用盐碱地约 525 万亩。同时,土壤盐渍化和次生盐渍化已成为世界性的生态问题,土壤盐渍化使耕地资源遭到破坏,农业生产蒙受巨大损失。

党中央、国务院高度重视沿海滩涂开发。2009 年 6 月 10 日,国务院常务会会议讨论并原则通过了《江苏沿海地区发展规划》,江苏沿海开发正式上升为国家战略。此外,我国沿海各省份亦非常重视沿海滩涂开发,均相继出台相关政策措施。因此,沿海滩涂开发符合《国家中长期科学和技术发展规划纲要》关于大力提高农业科技水平,加强农业技术集成和配套,提高农产品质量,保障国家粮食安全的要求。

2)沿海滩涂开发利用是粮食生产的重要增长点

第二次全国土地调查数据显示,截至 2012 年 12 月 31 日,全国耕地面积为 20.27 亿亩,但适宜稳定使用的耕地为 18 亿亩。人均耕地面积仅 1.52 亩,比 1996 年下降 0.07 亩,不到世界平均水平 3.38 亩的一半。近年来,尽管随着土地整理复垦开发工作机制的完善,我国耕地面积减少的速度在放缓,但耕地面积减少的总趋势仍然没有改变。2012 年,我国耕地面积净减少 120 万亩。我国耕地资源紧缺的形势已经引起党中央和国务院的高度重视,党的十七届、十八届三中全会文件均明确提出:"坚持最严格的耕地保护制度,层层落实责任,坚决守住 18 亿亩耕地面积的红线"。同时,我国现有耕地资源已得到充分的挖掘,常规耕地生产力水平进一步提升面临瓶颈。因此,加强沿海滩涂开发,发展现代高效农业对提升我国耕地农业生产能力,增加耕地数量,保障国家粮食安全,具有重要现实意义和长远战略意义。

随着我国社会经济发展和城市化建设进程的加快,土地短缺的矛盾日益加重。同时随着农业内部种植结构的调整力度加大,稳定粮食种植面积的压力越来越大。开发利用好沿海滩涂以及现有内陆的盐碱地资源是增加耕地的有效途径。《江苏沿海地区发展规划》要求加快江苏沿海地区发展,要充分发挥比较优势,把江苏沿海滩涂地区建设成中国重要的土地后备资源开发区,将江苏沿海地区建设成为中国东部地区重要的经济增长极,形成大规模的土地后备资源,将江苏沿海地区建成国家重要的商品粮基地、农产品生产加工和出口基地等基地。《江苏沿海地区发展规划》指出:"对围填形成的土地资源,探索新的开发模式,促进土地集约高效利用";"农业用地、生态用地、建设用地分别占围填面积的

60%、20%和20%左右。海域滩涂围填利用以综合开发为方向,优先用于发展现代农业、耕地占补平衡和生态保护与建设";"利用海域滩涂围填增加耕地资源,稳定粮食种植面积,提高粮食生产能力,在沿海地区建立优质商品粮棉基地"。到2020年,江苏沿海滩涂计划在盐城射阳河口至南通东灶港之间进行围填,形成270万亩左右的土地后备资源,相当于增加了一个中等规模行政县的土地。

依据我国沿海滩涂开发成功的经验,沿海滩涂当年围垦当年就可以收益,一般围垦后3年即可种植水稻。截止2012年,仅江苏沿海滩涂围垦面积就达424万亩,按照60%的比例可以用于耐盐水稻新品种的种植面积254万亩。全国2923万亩可供围垦面积中至少500万亩可用于种植水稻。内陆盐碱地如果拥有充足的淡水资源,修筑灌排工程、实施水田开发已被无数实践证明是最好的水土资源利用模式。辽宁等地的盐碱地通过改良可以种水稻的面积525万亩,合计可以增加种植耐盐水稻面积1000万亩以上,按每亩产量400公斤计算,每年可以生产稻谷40亿公斤,每公斤稻谷按照2.8元计算,每年可以增加经济效益112亿元。

3)水稻是沿海滩涂和盐碱地改良的首选粮食作物

水稻是我国第一大粮食作物,我国60%以上人口的口粮以大米为主,稻谷产量在我国三大主要粮食作物中名列前茅。据统计,2013年我国水稻总产量2.03亿吨,占粮食总产量34%。水稻的丰产直接关系到我国的粮食安全。多年来世界水稻年度贸易量为2000万~3000万吨上下,仅相当于我国水稻年产量10%~15%,我国稻米供给如果出现明显短缺,很难通过国际贸易解决。随着人口的进一步增长,对稻米的需求将进一步增长,扩大水稻播种面积,提高单产,增加供给是水稻生产面临的最大问题。能否满足 13 亿人口的口粮需求,直接关系到我国长治久安和改革开放能否顺利进行。

开发利用沿海滩涂和盐碱地资源,是人类利用自然、改造自然的斗争,是促进社会经济发展的重要途径之一。沿海滩涂土地资源的合理开发利用是农业科学技术与工程技术的重要研究领域。江苏沿海滩涂开发历史悠久,经历了兴海煮盐、垦荒植棉、围海养殖、临港工业等为主要利用方式的多个阶段,开展了较大规模的滩涂围垦开发活动。近期,江苏沿海滩涂除北部资源条件和自然条件适于盐业生产外,其他沿海滩涂现有的开发模式主要是养殖和种植相结合。围垦——养殖——复垦是江苏沿海滩涂开发的主要模式。

我国沿海滩涂均地处我国长江、黄河、淮河、珠江、黑龙江等主要河流的入海口区域,有较为充足的淡水资源,复垦后的沿海滩涂有利于水稻种植。在沿海滩涂开发利用过程中,由于水稻生长期间有特殊的水环境,滩涂地表经水覆盖可以对土体的可溶性盐碱起到淋溶压盐降盐的作用,滩涂地表经水覆盖亦可以起到平衡土体肥力的作用,再加上水稻自身所特有的降低盐分的生物作用,水稻秸秆还田是增加土壤有机质、改良盐碱地、培肥土壤的一项有效措施。因此,水稻常作为复垦后的沿海滩涂种植的首选粮食作物。

4)目前生产上缺乏耐盐水稻品种

按沿海滩涂的自然条件类型,我国沿海滩涂主要分为基岩型滩涂、淤泥型滩涂、沙砾型滩涂和生物型滩涂四种类型。淤泥型滩涂分布在辽河三角洲、浙江沿海及江苏东部沿海,盐分组成主要有 Cl^-、SO_4^{2-}、HCO_3^-、CO_3^{2-} 等阴离子和 Ca^{2+}、Mg^{2+}、Na^+、

K+等阳离子,危害作物生长。

目前,我国沿海滩涂及附近的盐碱地主要是中低产田,种植水稻亩产量只有200公斤左右,而江苏水稻平均亩产达到560公斤,是沿海滩涂低产田的2~3倍。因此,滩涂土地整治、中低产田改造、耐盐优质水稻品种选育研究与示范等均显得十分迫切。

我国开展耐盐水稻新品种选育的研究取得了一定进展,但由于水稻品种,尤其是粳稻品种具有特殊多样化的生态条件,外地或国外的耐盐水稻品种一般在江苏省沿海滩涂的适应性均不强,主要表现生育期过短或过长、产量偏低等,同样江苏选育的耐盐水稻品种亦不适宜在辽宁等北方沿海滩涂及盐碱地种植。目前适合我国沿海滩涂种植的耐盐水稻品种尤其是粳稻品种不多。因此,就我国沿海滩涂而言,需要选育适合我国不同生态区域的沿海滩涂种植耐盐高产优质多抗水稻新品种,包括早熟中粳稻(北方种植)、中熟中粳稻、迟熟中粳(江苏、浙江等地种植),常规中籼稻、杂交中籼稻(南方种植)等耐盐水稻新品种。

2. 遗传工程不育系超级杂交稻任务需求分析

构建我国粮食安全生产体系是党中央和国务院的重大战略决策。杂交水稻优势利用是构建我国粮食安全生产体系的核心技术之一。目前,我国杂交水稻研究与应用虽然居国际领先地位,但与杂交水稻持续发展和实现超级杂交稻第四期目标的需求相比,仍存在一定差距,需进一步加强科技攻关。

"三系法"和"两系法"是当前主要的杂种优势利用途径,"三系法"受严格的恢保关系限制,很难选育败育彻底的三系配套骨干亲本,可以利用的资源有限,育种程序复杂,选育周期长;"两系法"打破了恢保关系限制,亲本的遗传多样性得到明显改善,选育出高产杂交稻组合的速度明显加快,促进了超级杂交稻的研究和生产。但其杂种优势的研究主要是围绕培矮64S、广占63S、株1S等几个不育系展开的,仍不能充分反应和发挥杂交水稻增产的潜力。另外,两用不育系的杂交制种安全性问题一直是影响大面积推广的障碍因素。为保障国家粮食安全,实现超级杂交稻第四期育种目标,进一步提升杂种优势利用水平,需要开辟一条亲本资源丰富、制种风险低的新的杂种优势利用途径。普通核不育性现象较普遍,它败育彻底,遗传简单,仅由一对作用完全的隐性基因控制,在杂种优势的利用上具有下述优越性:不育性一般仅由一对隐性基因控制,任何品系都能够转育成为不育系,不受遗传背景限制;任何品系都能够作为普通核不育系的恢复系;没有不育细胞质单一性和负效应问题;不育性稳定,不受环境影响。普通核不育系由于败育彻底,目前尚不能很好地解决其繁殖问题而不能被用于生产中,本项目拟通过现代生物技术手段,解决普通核不育的繁殖问题,建设水稻"第三代"杂种优势利用平台,它能够消除农作物杂种优势利用中的限制因素,提高配组自由度,降低种子生产成本,极大提高杂种优势水平,对保持我国杂交水稻国际领先地位意义重大。

第二节　主要技术创新难点和重点

一、海水稻技术创新难点和重点

1. 水稻耐盐性主效 QTL 的定位与分子标记开发

水稻耐盐性鉴定需在人工盐池或沿海滩涂自然条件下进行，随着育种规模的扩大，筛选鉴定的标准往往难以统一掌握，这就给育种材料的大规模筛选带来困难。利用与耐盐性紧密连锁的分子标记进行辅助选择就可以解决这一难题。因此，能否获得紧密连锁的分子标记是开展耐盐(碱)水稻分子标记辅助育种的前提。必须充分利用构建分离高世代回交分离群体分析、作图群体(RILs和DH系)分析和染色体片段渗入系分析等方法及水稻耐盐性状作连锁不平衡全基因组关联分析，结合耐盐评价体系，鉴定发掘水稻耐盐性状相关的关键基因/QTL，并开发与之紧密连锁的分子标记，用于辅助选择育种。

2. 水稻耐盐、优质、抗病、高产多基因聚合育种技术体系的建立

成功选育集耐盐、优质、抗病、高产于一体的水稻新品种是本项目的主要内容，多基因的聚合育种体系的建立和完善，是项目主要技术重点。必须通过合理的分子设计和常规育种相结合，将优质、抗病、高产、耐盐基因/QTL 导入到优良水稻品种中，实现重要高产优质农艺性状基因与抗病、耐盐基因的聚合，从而获得高产、优质、多抗、耐盐新种质和材料，直接应用于育种实践。

二、遗传工程不育系超级杂交稻技术难点和重点

普通核不育性现象较普遍，它败育彻底，遗传简单，仅由一对作用完全的隐性基因控制，在杂种优势的利用上具有下述优越性：(1)不育性一般仅由一对隐性基因控制，任何品系都能够转育成为不育系，不受遗传背景限制；(2)任何品系都能够作为普通核不育系的恢复系；(3)没有不育细胞质单一性和负效应问题；(4)普通核不育系花粉败育彻底。不育性稳定，不受环境影响。普通核

雄性不育系能够满足几乎所有对最佳不育系选育的要求,是水稻等作物杂种优势利用极好的遗传工具。但是以前普通核雄性不育系只能利用可育品种作为父本,与普通核雄性不育系杂交或者回交,才能在其后代中,获得一定比例的普通核雄性不育株。由于普通核雄性不育系不能做到100%植株完全雄性不育,水稻小麦玉米等主要农作物普通核雄性不育系没有能够得到利用。但是只要能解决其不育系繁殖问题,将是极好的杂种优势利用方式。

第三节 现有工作基础与优势

一、海水稻工作基础与优势

1. 国内外研究现状

国内外耐盐植物和盐土农业研究主要集中在两个方面:一是对野生耐盐植物进行筛选,驯化成具有经济价值的栽培品种;二是借助杂交育种和生物技术,改造并提高普通农作物的耐盐性,培育耐盐作物新品种。

2013年4月,国际水稻研究所宣称培育的一种水稻与在盐水中发现的野生稻杂交,已经培育出一种新型耐盐水稻,可以在海水侵蚀的滨海土地种植,但目前仍处于改进阶段,若要田间试种至少还需4到5年(参见 Salt-tolerant rice bred at Philippines institute Apr 16, 2013)。日本理化学研究所正尝试用重离子培育耐盐水稻,但目前也还处于实验室研究阶段。另有报道,泰国国家遗传工程和生物技术中心的 Chalermpol Kirdmanee 2001年在实验室中发现了 4 株能耐 2% NaCl 的泰国香稻,但一直没有最新进展的后续相关报道[参见 Transcriptional regulations of the genes of starch metabolism and physiological changes in response to salt stress rice (Oryza sativa L.) seedlings]。2005 年,中国科学院上海生科院植物生理生态所宣布:水稻耐盐功能基因研究在沪取得重大突破性进展。该所与美国专家合作,成功克隆了与水稻耐盐相关的数量性状基因,但距离实际应用尚需时日。

国内海南大学已基本建立了一整套切实可行的外源基因组总DNA 导入和耐盐作物筛选技术,并获得了耐盐性强的豇豆、辣椒、番茄和茄子 4 种蔬菜,在海滩上种植,可以用海水直接浇灌。此外还培育了有一定耐盐能力的水稻和马占相思树等新材料,并初步证实外源 DNA 片段(耐盐相关基因或调控片段)在受体植物中得到了表达。湖南省水稻研究所已开展水稻分子育种研究,利用周光宇教授创造的花粉管通道技术,先后培育成水稻品种硕丰 2 号及湘早籼 43 号通过湖南省审定,并由此积累了丰富的水稻分子育种经验。海南大学与湖南省水稻研究所合作,采用高耐盐野生植物芦苇 DNA 作为基因供体,通过花粉管通道导入普通水稻,培育出具有耐盐特性的水稻新种质,2012 年进一步与江苏省农业科学院和江苏沿海地区农业科学研究所合作,在江苏盐城滨海盐滩地进行田间生产性试种海湘 030、海湘 016、海湘 121 等多个水稻品系,在 0.3% 盐分下,对照品种全部死亡绝收,而转化选育的耐盐品系海湘 030 亩产达 400 公斤,处于国内外同类研究的先进水平,受到广泛关注,目前尚未见到有与该成果相类似的报道。

另外,我国民间也有关于海水稻研究者,广东湛江陈日胜先生据称发现江河入海口地区存在野生海水稻种质资源,并在此基础上选育出了"海稻86"品种,但是该品种多年来一直没有获得品种权审定,也无法实现产业化推广,该研究尚未取得突破性进展。

二、遗传工程不育系杂超级杂交稻工作基础与优势

1. 国内外研究现状

美国杜邦先锋种业公司先后投资三亿多美元,经历了十余年的研究及验证,建立了玉米智能不育分子设计技术。该技术利用植物中普遍存在的隐性核不育现象巧妙地解决了杂交育种中育性不稳定及不育系保持等技术难题,并利用花粉致死基因使带有外源育性基因的花粉致死,使杂交后代中不含转基因元件。

本项目采用"三途径"建设普通核不育资源利用平台:(1)基于荧光分选技术,构建多个普通核不育基因繁殖的中间父本作为遗传工程核不育系的骨干亲本;(2)利用随机插入法构建遗传工程保持候选库,构建通用型普通核不育资源利用平台,可以利用任意水稻普通核不育资源;(3)探索水稻叶绿体转化途径利用普通核不育资源,使普通核不育的利用类似与"三系法"模式,不依赖于精确分选,提高有效种子生产率,但无恢保关系限制,且不需要转育相应的保持系,可实现高效育种。另外,叶绿体转化途径被认为是最安全的转基因手段,具有更广阔的市场推广前景。

本项目的"三途径"建设的普通核不育利用平台,均具有自主知识产权,可以更广泛地利用自然界普遍存在的普通核不育资源,并逐步摆脱对精确分选的依赖,实现安全高效的普通核不育资源利用体系。

第四节 研究内容、技术路线、创新点、考核指标及预期效益

一、海水稻

1. 研究内容

（1）水稻耐盐的分子机制研究

利用基因组重测序、转录组分析等现代分子生物学手段深入探讨已获得耐盐水稻新品系海湘121、海湘030、海湘016耐盐的分子机理；采用以NGS为基础的分析技术，实施水稻耐盐基因组关联分析，对水稻耐盐性状做连锁和连锁不平衡全基因组关联分析。对盐胁迫转录组测序，分析耐盐胁迫高表达基因；在候选基因区域产生SNP标记，快速分离与盐胁迫下促进籽粒和水稻生长的相关基因和miRNA基因；解析盐胁迫下促进籽粒和水稻生长的相关基因和miRNA的功能和调控网络以及耐盐机制。

（2）水稻耐盐QTL分子标记开发与高效育种技术体系研究

利用均匀分布在水稻12条染色体上标记，对耐盐水稻资源的基因组进行扫描，在检测群体结构基础上搜索连锁不平衡位点；采用TASSEL软件的GLM方法对芽期和苗期耐盐QTL进行关联分析，获得以上两个时期的耐盐主效QTL及与其紧密连锁的分子标记。根据已获得的耐盐基因和QTL设计引物，开发与水稻耐盐性紧密连锁的分子标记，对筛选的耐盐材料进行检测，获得含有已

报到耐盐基因和 QTL 的水稻品种资源,用于分子标记辅助选择育种和基因聚合育种。

水稻耐盐性是由多基因控制的,通过分子标记辅助选择与常规育种相结合,聚合多个耐盐基因,选育耐盐碱性强的品种;利用耐盐基因、暗胚乳突变基因 Wx-mq、抗条纹叶枯病基因 Stv-bi,稻瘟病抗性基因 Pi-ta 和 Pi-b 等重要基因的分子标记,结合常规育种技术,将耐盐基因与优良食味、抗条纹叶枯病病和稻瘟病、高产等优良基因聚合到一起,建立耐盐、优质、高产、多抗水稻新品种选育的高效育种技术体系。

(3)沿海滩涂不同生态区优质、高产、多抗、耐盐水稻新品种选育

开展不同生态类型的耐盐、优质、高产、抗病水稻新品种选育,包括北方耐盐粳稻新品种选育、耐盐早熟中粳稻新品种选育、耐盐中熟中粳稻新品种选育、耐盐迟熟中粳稻新品种选育和耐盐常规籼稻和杂交籼稻新组合选育。

(4)耐盐(碱)水稻新品种鉴定与示范

在沿海滩涂不同生态条件下,对育种后代材料的不同生育时期耐盐指标、营养生长、生殖生长及其产量性状以及抗病性表现进行盐(碱)胁迫鉴定,最终筛选出农艺性状优良、适应沿海滩涂不同生态区的耐盐优质高产抗病水稻新品种,包括中晚熟粳稻(辽宁等北方地区种植)、早熟中粳稻(山东等地种植)、中熟中粳稻、迟熟中粳稻(江苏、浙江等地种植),常规籼稻、杂交籼稻(广东、福建等南方地区种植)。筛选的耐盐水稻品种适合于在含盐量 1%以下的海水浇灌条件下的沿海滩涂地区种植,具有农艺性状优良、产量达 200~400kg/亩,主要品质指标达国标 3 级以上,中抗白叶

枯、稻瘟病等主要病害。

2. 技术路线

耐盐基因的遗传学研究,利用基因组重测序、转录组分析等现代分子生物学手段深入探讨已获得耐盐水稻新品系耐盐的分子机理;解析盐胁迫下促进籽粒和水稻生长的相关基因和 miRNA 的功能和调控网络以及耐盐机制;利用已构建的遗传群体定位水稻耐盐相关 QTL,并开发与水稻耐盐性紧密连锁的分子标记;建立分子标记辅助选择与常规育种手段相结合高效育种技术体系,将耐盐基因导入到优质、高产、多抗水稻品种中,聚合多个优良性状,选育适合沿海滩涂不同生态区种植的不同生态类型的耐盐、优质、高产、多抗水稻新品种(组合)。

3. 海水稻主要技术创新点

(1)育种材料创新。通过实验室芽期、人工盐池和沿海滩涂盐渍土壤区等进行水稻品种耐盐性鉴定与筛选评价试验,确定耐盐水稻核心种质,将耐盐基因导入到优质、高产、抗病水稻品种中,聚合优良性状,育成耐盐、高产、优质、多抗的水稻新品种。

(2)育种目标创新。育成的耐盐水稻新品种适合于在含盐量 1% 以下海水浇灌的沿海滩涂地区种植,产量达 200~400kg/亩,主要品质指标达国标 3 级以上,中抗白叶枯、稻瘟病等主要病害。耐盐水稻新品种在沿海滩涂地区的示范推广,利于充分发掘和利用沿海滩涂土地资源,确保国家粮食安全。

(3)育种方法创新。通过分子标记辅助选择与常规育种手段相结合,聚合优质、高产、多抗、耐盐优良性状,选育适应沿海滩涂种植的耐盐水稻新品种。采用早代鉴定和温室、异地加代等技术加速育种进程;采取穿梭育种、多点鉴定和分子标记辅助选择等方法增强品种适应性,提高选择与鉴定的效果。

4. 主要技术指标

(1)定位水稻耐盐相关 QTL 2~3 个,开发紧密连锁分子标记 3-4 个。

(2)选育适合我国沿海滩涂不同生态区和盐碱地种植的高产优质多抗耐盐(碱)水稻新品种(组合)2~3 个,在盐分浓度 1% 以下海水浇灌的滩涂种植,产量达 200~400kg/亩,主要品质指标达国标 3 级以上,抗稻瘟病、中抗白叶枯病。

(3)申请植物新品种权 2~3 项,申请国家发明专利 2~3 项,发表论文 10~12 篇。

5. 预期经济、社会、环境效益

(1)经济效益

通过项目实施,将选育出在我国沿海盐碱地推广的海水稻品种,每年按 1000 万亩推广增产 200 万吨粮食,与此同时,我国内陆尚有 15 亿亩盐碱地,近期可以开展农业利用面积约 3 亿亩,我国咸水湖泊储水总量超过淡水湖,海水稻研发成功以后,在我国内陆和咸水湖周边进行产业化推广潜力巨大,以推广 2 亿亩,亩产 200~400 公斤计算,可增产粮食 200~400 亿公斤,多养活约 2 亿人。另外,还可以开展面向全球的海水稻品种输出,仅东南亚具有 3 亿亩的盐碱地,粮食增产潜力巨大。

(2)社会效益

项目的实施,通过新增可利用的沿海滩涂土地资源以及改良现有盐碱地,将沿海滩涂建成高产粮田,进行规模化种植开发耐盐水稻品种,对保障粮食安全,促进国民经济的均衡发展具有十分重大的战略意义;同时,亦可加快建设沿海滩涂优质高产水稻生产带,联动种业、米业、物流等产业发展,发展农村经济,增加农民收入。

(3)环境效益

项目的实施,主要是选育并示范推广耐盐、优质、高产、多抗水稻新品种。水稻生长期间有特殊的水环境,滩涂地表经水覆盖可以对土体的可溶性盐碱起到淋溶压盐降盐作用,滩涂地表经水覆盖亦可以起到平衡土体肥力的作用,再加上水稻自身所特有的降低盐分的生物作用,水稻秸秆还田是增加土壤有机质、改良盐碱地、培肥土壤的一项有效措施。耐盐水稻新品种选育不仅可减少农药、化肥使用,降低农业污染,而且对盐土的改造有一定的促进作用,推动沿海滩涂农业可持续发展。

二、遗传工程不育系超级杂交稻

1. 研究内容

本项目采用"三途径"建设普通核不育资源利用平台:

(1)基于荧光分选技术,构建多个普通核不育基因繁殖的中间父本作为遗传工程核不育系的骨干亲本。

利用目前已克隆的多个具有自主知识产权的普通核不育基因与荧光颜色基因和种子特异性表达调控元件的优势组合构建遗传工程核不育系的中间父本载体;

将中间父本载体分别转化相应的普通核雄性不育突变株,获得转基因株系;

通过分子鉴定技术(PCR和Southern)找出转基因单拷贝株系;

在田间种植转基因株系转基因植株,并进行自交和与相应突变体测交,观察后代育性与荧光颜色分离比;

筛选农艺性状好的转基因株系作为中间父本；

建立遗传工程核不育系大规模种子制备的机械化精确色选技术体系。

（2）利用随机插入法构建遗传工程保持候选库，构建通用型普通核不育资源利用平台，可以利用任意水稻普通核不育资源。

以荧光颜色基因和种子特异性表达调控元件的优势组合构建遗传工程保持候选库载体；

利用大量的转化，将遗传工程保持候选库载体随机插入到水稻骨干亲本中；

通过插入位点分析，确定转化子的插入位点；

收集均匀分布在全基因组的转化子，构建遗传工程保持候选库；

将普通核不育突变体分别与遗传工程保持候选库各成员杂交，利用遗传工程核不育系机械化精确色选技术平台，即可获得荧光颜色基因与育性基因共分离的未定位普通核不育基因的遗传工程保持系。

（3）探索水稻叶绿体转化途径，安全简便地利用普通核不育资源。

利用原核表达元件驱动水稻普通核不育的育性恢复基因，构建水稻遗传工程核不育叶绿体转化载体；

将水稻遗传工程核不育叶绿体转化载体转化相应的普通核不育突变体，获得转基因植株；

保持筛选压，且进行多代自交定向选择，不断提高转基因植株的同质化程度，获得同质化的叶绿体转化株系；

筛选农艺性状好的同质化株系作为细胞质遗传工程保持系。

2. 拟解决的关键技术

（1）提高水稻遗传转化效率，建立非组织培养依赖性的快速高效的水稻遗传转化技术体系；

（2）进一步完善插入位点分析技术，建立准确高效的插入位点分析平台；

（3）建立水稻叶绿体转化体系，获得高同质化、可稳定遗传的叶绿体转化株系；

（4）尽快建立水稻遗传工程核不育技术体系，并验证在推广应用中的可行性；

（5）建立遗传工程核不育系大规模种子制备的机械化精确色选技术体系。

3. 技术路线

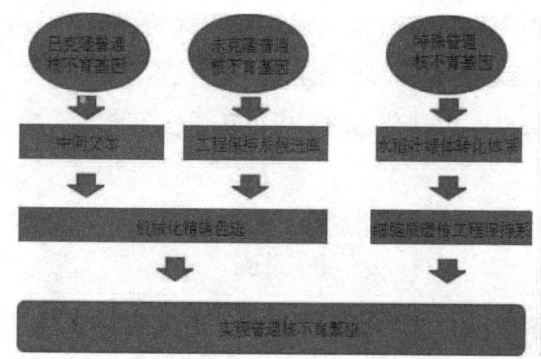

4．海水稻项目创新点

（1）建设多种具有自主知识产权的普通核不育资源利用途径，全方位利用自然界较为普遍存在的普通核不育资源。

（2）建立通用型普通核不育资源利用平台，使普通核不育资源的利用不再依赖育性基因的定位与克隆，更广泛、便捷的利用普

通核不育资源,缩短未定位普通核不育基因 5~10 年的开发利用时间;

（3）利用叶绿体转化途径,使普通核不育的利用类似与"三系法"模式,不依赖于精确分选,提高有效种子生产率,但无恢保关系限制,且不需要转育相应的保持系,可实现高效育种。另外,叶绿体转化途径被认为是最安全的转基因手段,具有更广阔的市场推广前景。

（4）技术创新:建立非组织培养依赖性的快速高效的水稻遗传转化技术体系,可以在两周内获得转基因植株,较传统的水稻高效转化体系,可缩短 2~3 个月的转化时间,且操作简便,便于大规模遗传转化。

（5）技术创新:发明"一种黏性末端接头应用于侧翼序列分离的方法"插入位点分析技术,建立准确高效的插入位点分析平台,为遗传工程保持候选库的构建奠定技术基础。

5. 预期目标

本项目实施初期将建立完善目前技术体系并获得转基因中间材料:建立一套非组织培养依赖性水稻高效遗传转化体系;构建准确高效的插入位点分析平台;摸索水稻叶绿体转化体系。项目实施中期目标将以转基因材料的检测与定向选择为主,拟获得 5~10 个具有应用潜力的遗传工程核不育系骨干材料。项目后期将完善整个遗传工程核不育应用体系,完成在推广应用中的可行性验证,并建立遗传工程核不育系大规模种子制备的机械化精确色选技术体系。

6. 应用产业化前景和市场需求

水稻是我国种植面积最大、单产最高、总产最多的粮食作物,水稻生产在我国粮食生产中占有极其重要的地位。我国水稻常年种植面积约3000万公顷,占全国谷物种植面积的30%,世界水稻种植面积的20%;稻谷总产量近2亿吨,占全国粮食总产的40%,世界稻谷总产的35%;稻谷平均单产6.212吨/公顷,是单产最高的粮食作物。我国种植水稻的农户约有1.58亿户,约占全国农户总数的64%。我国每年杂交水稻种植面积达2.2亿亩,中国以外地区的世界杂交水稻年种植面积约3000万亩。杂交稻种子国内每年需求约22000万公斤,年出口量为800万公斤,目前的所利用的杂交水稻主要为第一代"三系法"和第二代"两系法"杂交水稻,"三系法"和"两系法"制种在进一步提升杂种优势利用水平和确保制种安全性上遇到了瓶颈。因此建设水稻"第三代"杂种优势利用平台,创制新的杂交水稻骨干亲本资源,为实现超级杂交稻第四期育种目标开辟了新的途径。该项目的顺利实施,将构建水稻"第三代"杂种优势利用平台,克服现有"三系法"优势利用率不高和"两系法"存在的制种安全问题,全面提升杂种优势利用水平,扩大的杂交水稻的利用与推广范围,使我国杂交水稻研究继续处于世界领先地位。

遗传工程不育系超级杂交稻推广应用成功以后,可以有望取代三系法和两系法杂交稻组合,全球30亿亩中长期推广比例可达50%以上,按照15亿亩,每亩稻种收入平均60~80元计算,可以创造千亿销售收入。

7. 实施机制

(1)组织管理措施

海水稻项目在青岛市李沧区政府的监督指导下,由青岛海水稻研发中心暨青岛袁策生物科技有限公司牵头实施,联合各参与实施单位共同开展研究。中心主任暨首席科学家袁隆平院士在遵守专项实施过程各项要求的前提下,负责项目的总体管理及协调,委派执行主任负责项目具体实施。项目课题负责人和项目团队对首席科学家负责,组织各子课题的的实施,并保证按时完成研究任务。项目首席科学家和子课题负责人定期召开项目执行进度会,协调各自研究的进度,重点商讨项目执行期间出现的问题和难点,制定解决方案。

(2)产业化推广

该项目包括基础实验研究和常规稻以及杂交稻的新品种、新组合选育,在进行科研的同时,着力进行品种的国内示范推广,有重点的进行国外示范推广,争取在取得突破性成果的同时在最短的时间内完成产业化推广,推动海水稻研发中心取得社会效益的同时,获得相应经济效益。

(3)知识产权与成果管理

项目实施过程中取得的重大成果,执行《科技成果登记办法》,及时向科技部门报告。并根据科技成果特点,按照法律法规的规定适时选择申请专利、进行著作权登记等适当方式予以保护。

在不影响项目的专利申请或其他知识产权保护的前提下,项目产生的学术报告、论文和专著在进行对外发表时,标注青岛海水稻研发中心。

知识产权与科研成果涉及国家机密的,严格遵照《中国人民共和国保守国家秘密法》和《科学技术保密规定》及相关规定实施管理。

在不影响知识产权保护、国家秘密和技术秘密保护的前提下,积极推动项目产生的知识产权和科研成果的转移和运用,加快知识产权的商品化、科研成果的产业化,并按照国家科技成果相关规定,对项目的成果进行权益分配。

8. 项目风险分析及对策

(1) 自然风险分析

自然风险主要包括长期阴雨寡照和生长期台风袭击,造成病虫害和倒伏趋重,稻谷产量与品质下降,效益降低等。本项目的实施主要在江苏等沿海滩涂不同生态区和辽宁盐碱地区等,易受盐害、台风等自然灾害的影响。因此,在沿海滩涂地区推广应用的水稻品种必须具备耐盐、抗倒等优良特性。同时将沿海滩涂示范基地农田水利基本建设做好,提高示范基地抵御自然灾害的能力,尽力降低自然灾害所带来的损失。对遗传工程不育系而言,其超级杂交稻新组合相对于三系法和两系法杂交稻组合的优势较明显,对自然风险抵抗能力较强,将在示范推广过程中加强栽培技术的推广,尽力降低自然灾害所带来的损失。

(2) 技术风险分析

对海水稻而言,本项目的核心技术为分子标记辅助选择与常规育种相结合选育耐盐水稻新品种,要求育成的耐盐水稻新品种适合于在含盐量1%以下海水的灌溉下,沿海滩涂地区种植,产量达200~400kg/亩,主要品质指标达国标3级以上,中抗白叶枯、稻瘟病等主要病害。项目团队成员具备育成多个耐盐品种通过省级以上农作物品种审定的经验,同时还创制了一批耐盐水稻新品系,具有开展分子标记辅助选择与常规育种的技术平台,因此,本项目的核心技术是安全可靠的。同时本项目的组成人员结构合理,科研业务能力较强,能确保项目各项任务的有序进行,并达到预期的目标。因此,该项目的核心技术先进,配套技术成熟,通过两者的组装集成,进行耐盐水稻新品种的选育和示范,在技术上是切实可行的,技术风险较小。对遗传工程不育系而言,技术体系已经取得了初步成功,目前的重点在于选育出可以产业化推广的组合,目前项目团队已经获得了国际水稻所 600 份水稻种质资源作为配组资源,可以较快地获得有价值的组合,降低技术风险。

(3)市场风险分析

通过本项目的实施,从培育耐盐水稻品种,改良土壤,完善耐盐栽培技术体系等方面,进行综合治理,将沿海滩涂建成高产粮田,进行规模化种植开发,能够进一步扩大我国水稻面积,提高单产和总产,对保障国家粮食安全,促进国民经济的均衡发展具有十分重大的战略意义。本项目的投资方向明确,并具有良好的发展应用前景,市场风险很小。对于遗传工程不育系而言,我国杂交水稻行业面临着整体的技术更新换代,遗传工程不育系技术就是技术的领航者,市场风险较小。

(4)政策风险分析

沿海滩涂开发符合《国家中长期科学和技术发展规划纲要》关于大力提高农业科技水平,加强农业技术集成和配套,提高农产品质量,保障国家粮食安全的要求。耐盐水稻新品种的选育符合国家农业产业政策的支持。因此,本项目的实施对增加耕地数量,保障国家粮食安全,具有重要现实意义和长远战略意义,政策风险性很小。遗传工程不育系是我国水稻育种技术重大突破,是保持我国水稻产业国际领先地位的重要保障,国家将会大力支持并推广这一技术,基本不存在政策风险。

9.市场定位及策略

(1)市场分析

我国种业市场集中度远低于世界水平

从全球范围来看,种子行业具有科技、消费的属性。但在中国,长期计划经济的管理模式,使得种子行业的属性被扭曲为加工型、贸易型。这也是我国种业集中度不高的主要原因。近期在国家政策支持下,我国种业取得了较大发展,从2011年至今,种业研发、生产的集中度明显提升,种业企业总量由3年前的8700多家减少到目前的5200多家,减幅达40%。为了增强中国种业企业的国际竞争力,力争到2020年,前50家企业的集中度达到60%以上。从我国种业市场占有率的CR5、CR10、CR50水平来看,还是远远低于世界平均水平,和发达国家的跨国企业相比仍然存在很大的差距,从另外一个角度来看,也喻示着我国水稻种企具有很大成长空间。

从我国种业市场销售额的CR50、CR10水平来看,我国种企市场规模与发达国家的跨国企业相比也存在很大的差距。我国前10强种子公司销售额占全国市场规模的10%,占全球市场仅为1%,而世界前10强种子公司销售额占全球市场规模高达67%,世界前3强种子公司销售额占全球市场规模高达47%,这些数据充分说明中国种子公司集中度很低,与国外规模企业相比,我国种企竞争力明显不足。

我国杂交水稻市场规模2016年愈200亿

根据全国农技中心数据预测,2016年全国杂交水稻种植面积2.65亿亩,同比增长200万亩,占水稻种植面积由2008年的54%,提高到2016年的58.62%,该比例未来有望持续提升,主要基于:育种技术的发展促使杂交水稻米质不断提升,例如两系法杂交稻米质相较于三系法杂交稻有了显著的提高,从而使常规稻质优的优势不断削弱,杂交稻份额不断提高;杂交粳稻的普及率未来仍有很大提升空间。中国目前粳稻种植面积约为700万公顷,约占稻谷种植面积的27%,但粳稻的种植仍以常规品种为主,杂交粳稻所占比例仅为3%,参照杂交籼稻72%的普及率,杂交粳稻的普及率未来仍有巨大的提升空间。

我国杂交水稻总的市场规模在2004年仅为50亿元,预计2016年可愈200亿元,年复合增长率达到14.6%,显示了该领域快速发展水平,具有朝阳行业的经济属性。随着水稻种企并购频繁,以及我国杂交水稻国际化程度的加快,未来5～10年是我国杂交水稻种业良好的发展机遇,预计到2020年我国水稻种业市场规模可达350亿元的水平。

兼并重组带来利好影响

对于水稻种业现状和特点来讲,兼并重组是水稻种企发展在一定阶段的必经之路。主要源于:中国水稻品种既有粳稻和籼稻之分,亦有早中晚稻之别,形成了多层次的丰富差异特性,因而并不存在单个品种打天下的可能,且水稻品种的互补性较强,通过外延式发展实现差异性的品种互补,利于企业长远发展,此为最根本原因;品种研发壁垒高,培育周期长,兼并重组方式是有资金实力的龙头企业迅速获取优良品种权的最有效途径;强强结合,整合研发优势,抢占市场份额。大规模优质水稻种企将是这场兼并重组大戏的主角与主导者。主要基于:

1)资金优势是驱动兼并重组最为核心的因素,大型种企融资能力强,资金实力雄厚;

2)强大的股东背景有助于加快种企对合适标的选择与收购过程,提高兼并重组的效率;

3）对于平台型种企，逆周期兼并重组能够以较低的成本获得优良的资产，边际效用较强；

4）海外稻种市场具更广阔空间。

中国杂交稻种在种质资源和育种技术方面的优势显著，其在更广阔的国际种业市场将大有可为。一方面，海外稻种市场具更广阔空间。全球水稻种植面积接近22.5亿亩（中国仅占比20.3%），且商品化率不高。另一方面，中国杂交水稻具备全球优势。中国杂交稻技术目前领先世界至少五年，加之相关出口政策逐步放松（不排除国家后期允许二系亲本海外育种的可能），未来5～10年将是中国杂交稻技术走出去的最佳战略机遇期。而作为水稻种业走出去的龙头企业有望最先受益海外广阔市场空间。

海外稻种市场具更广阔空间。全球水稻种植为中国种企国际扩张提供了巨大的市场容量。目前全球水稻种植面积接近22.5亿亩，其中90%分布在亚洲国家，其中东南亚地区水稻种植面积全球占比接近70%，商品化率仅为15%，成为中国稻种企业国际布局首选之地。有权威机构预测，未来10～15年，全球杂交稻种植面积将达1亿公顷以上，每年约需杂交稻种子150～200万吨，约有120～160亿美元的市场空间。

中国杂交稻种具备全球优势。中国杂交稻在种质资源和育种技术方面优势显著，有望在全球市场大范围推广开来。根据美国农业部统计，中国水稻单产水平达到440公斤/亩，远高于全球平均水平。截至2014年，世界上已经有20多个国家和地区引进了中国杂交水稻种子，根据农产品知识产权研究中心的数据，预计2014年我国杂交水稻种子出口量为8.4万吨，1999－2014年年均复合增速达到23%。目前中国杂交稻在印度、越南、菲律宾，印度尼西亚、孟加拉、巴基斯坦、美国等国家推广面积超过7800万亩。因此,中国杂交稻技术目前领先世界至少5年,加之相关出口政策逐步放松(不排除国家后期允许二系亲本海外育种的可能),由此我们可以判断,未来5~10年将是中国杂交稻技术出口的最佳战略机遇期。

如果考虑到第三代遗传工程超级杂交稻技术带来的水稻种业技术革命,未来5~10年全球杂交水稻将面临过千亿的市场。

(2)产品定位

根据袁策生物的发展战略,鉴于种业的研发周期和品种权审定周期的有关政策要求,决定了公司获得经过审定的优质品种并大面积推广至少需要三至五年时间,这决定了公司中短期核心产品为品牌定制大米销售业务,随着澜湄合作——海外粮仓计划的实施,利用东南亚大米进口配额开展大宗米业贸易将成为公司近期的重要业务,品牌定制大米销售和大米进口贸易业务两部分构成的米业是目前公司发展的第一翼,对中长期而言,随着我公司研发的海水稻和第三代遗传工程不育系独占开发权的获得,种业板块逐渐成熟,将会成为公司发展的第二翼,如附表2所示:

附表2 袁策生物产品构成表

业务板块	米业		种业
核心产品	品牌定制大米销售	大米进口贸易	不育系、商品种销售
发展阶段	短中期,已经开展	中长期,即将开展	长期业务,即将开展

目前米业产品以袁策家系列可定制大米、定制稻田和互联网众筹销售为主,产品卖点为:

全程保障:食品溯源,直接从田间到餐桌,观众可视化的田间种植过程。

健康米:黄河入海口无污染湿地种植,产出原生态的袁策健康大米;

有营养:黄河口湿地沉积土壤微量元素丰富,使袁策大米富含各种人体必需微量元素;

好吃的米:弱碱性水土造就高品质袁博士大米,米质软润、米香突出,米粒晶莹剔透;

185生长周期长:黄河口地处北纬36°55′~38°10′,四季分明、昼夜温差大,日照充足,大米生长周期长达185天,造就高蛋白低脂肪的袁策家大米。

黄河口:黄河入海口湿地,独占性的地里位置,可以让客户在现场进行体验的自然美景。

2016年3月23日,国务院总理李克强在海南三亚同泰国总理巴育、柬埔寨首相洪森、老挝总理通邢、缅甸副总统赛茂康和越南副总理范平明共同参观澜沧江—湄公河国家合作展。袁隆平院士向各位领导人介绍了现场展出的该公司东营种植的杂交水稻品种,并结合有关国家领导人关心的气候条件、土壤环境等做了讲解。看到湄公河国家领导人对中国水稻品种表现出浓厚兴趣,李克强高兴地说,要让中国杂交水稻"走出国门",助力澜—湄国家成为"世界粮仓"。

袁院士现场向李克强总理递交了请示报告,希望总理支持允许我国最新的"两系法"杂交水稻到湄公河五国育种发展,并以该公司的优质品种为试点首先在柬埔寨示范推广,并在三年内完成该品种50万公顷(750万亩)的推广,与此同时,为了实现以上目标,请发改委给予100~300万吨稻米进口配额,为我国超级杂交稻在湄公河五国的推广提供助力,李总理当场表示原则上同意这个方案,并由农业部韩长赋部长负责落实推进。澜湄合作—海外粮仓计划,将由袁院士主导并推荐袁策生物承接种业出口和米业进口贸易的业务,袁策生物已经全力开始跟踪落实大米进口配额的落地,预计2017年可以取得配额,开展大米进口贸易业务。

大米进口配额如果按照代理模式短平快开展相关业务,每吨配额可获利约100元,如利用供应链金融自身开展大米进口贸易业务,每吨配额可获利约200~300元,公司盈利情况取决于每年配额额度的科学配比与增长和自身业务的管理。

袁策生物研发的优质大米、海水稻和同源多倍体三个研发方向均取得了进展和突破,预计三年内将陆续获得省审或国审品种权,特别是海水稻有关品种目前在区域试验中取得了较好的表现,在澜湄合作领导人会议上,袁隆平院士向李克强总理重点汇报了这一成果,李总理表示出极大兴趣并向五国领导人做了重点介绍,越南领导人于3月31日到访袁院士并明确提出希望引进该品种,用于越南入海口3000万亩盐碱地杂交稻的推广。2016年10月份,经过公司与国家杂交水稻工程技术研究中心、隆平高科三方磋商,初步确定公司和隆平高科将以各出资2000万元的价格购入国家中心第三代遗传工程不育系全球独占开发权,根据研发计划,公司三年内将取得可推广的产业化品种,并将在第三代杂交稻取代第二代杂交稻技术的浪潮中获取较大的市场份额。

10. 风险控制

(1) 管理风险

公司在快速发展过程中,企业规模扩展太快,各个主营业务板块均迅速扩张,容易出现管理脱节问题,为了应对此风险,袁策生物完善了公司治理结构,董事会成立了战略决策委员会、薪酬委员会和风控委员会,对兼任公司高管的股东实行职业化考核管控和标准化管理,避免了责权不清的隐患。对于三个公司主营业务板块以及科研板块,均实行事业部制管理,独立核算考核和矩阵式管理,提高了管理效能,规避了管理风险。

(2) 技术风险

目前海水稻尚处于中间材料阶段,第三代遗传工程不育系也处于研发初步成功阶段,要获得产业化推广的品种,还需要两到三年的时间完成新组合的配组,因此仍存在一定程度上的技术风险。为了规避技术风险,研发团队实行多项目组并行竞争考核制,即同一研发方向,两至三个项目小组同时独立攻关,技术管理中心统一管理协调,避免出现潜在的研发技术风险。与此同时,从技术路线上也保持传统育种与分子育种并行的措施,也可以有效的降低品种选育的技术风险。

(3) 资金风险

本项目属于高投入高产出的高科技农业项目,虽然政府给予了较多政策扶持资金,但仍无法满足后续的研发资金和产业化推广需求,会产生资金风险。为了规避资金风险,企业一方面加强自身造血功能,尽快实现利润增长提速,一方面积极争取国家和省市科研配套资金,在条件允许的情况下进行 C 轮融资,以规避企业快发展过程中带来的资金风险。

(4) 市场风险

对于未来将研发出来的海水稻和第三代不育系超级杂交稻品种属于较新的品种,对于产品销售仍然存在市场认知风险。为了规避市场认知风险,袁策生物将在研发过程中,实行边研发、边示范、边宣传、边推广的策略,利用袁院士学术权威的身份,积极推动新技术、新产品的普及推广,以规避市场认知风险。

第七章 耐盐碱水稻品种选育和推广的展望

第一节 亲本的选育

水稻耐盐新品种选育研究是水稻育种的一个重要研究方向。目前,水稻耐盐育种仍然以常规育种为主,主要是以筛选鉴定的耐盐种质为亲本,利用传统的人工杂交、或辅之以回(复)交等方法将耐盐基因导入到优良水稻品种中,再通过多年多代的盐胁迫筛选鉴定,选育综合性状优良的耐盐品种,并在生产上大面积推广应用。

1939 年,斯里兰卡育成世界第一个强耐(抗)盐水稻品种 Pokkali,1945 年获得推广。1943 年,印度相继育成并推广耐盐水稻品种 Kala Rata l – 24、Nona Bokra、Bhura Rata 4 – 10、M114(80 – 85)。孟加拉育成了耐盐水稻品种 BRI、BR203 – 26 – 2、Sail 等。1970 年以来,国际水稻研究所相继育成了 IR46、IR4422 – 28 – 5、IR4630 – 22 – 2 – 5 – 1 – 3、CSR23 等耐盐水稻品种,其中 CSR23 已在菲律宾地区开展了多年的田间试验,2004 年被印度官方引种,该品种可在 pH2 – 10、盐度(电导率)8 ds/m 的条件下生长,产量可实现 300 kg/m2。泰国育成了耐盐水稻品种 FL530,美国育成了耐盐水稻品种美国稻,日本育成了耐盐水稻品种万太郎米、关东

51、滨稔、筑紫晴、兰胜。韩国育成了 Dongjinbyeo（东津稻）和 Ganchukbyeo（开拓稻）、Gyehwabyeo（界火稻）、Ilpumbyeo（一品稻）、Seomjimbyeo（蟾津稻）、Nonganbyeo（农安稻）。俄罗斯育成了 VNIIR8207、Fontan 等 16 份耐盐水稻品种。

我国东部地区省份的临近沿海的相关农业科研单位利用独特的地理位置以及土壤含盐量相对较高的优势，采用常规育种手段，在盐胁迫条件下进行耐盐种质筛选和品种选育，成效显著。辽宁省盐碱地利用研究所从 20 世纪 70 年代开展滨海中、重度盐碱地耐盐水稻育种研究，获得辽盐系列如辽盐 2 号、辽盐 241、辽盐 16、辽盐 3 号、辽盐 28、辽盐 282、辽盐糯等耐盐水稻品系；1984 年，该所育成高耐盐籼型水稻品系盐 81-210，1989—2009 年分别育成了抗盐 100 号、盐粳 29、盐丰 47、盐粳 456、盐粳 218，2011 年以来又先后育成了富友 33、盐粳 228、桥科 951、盐粳 50、盐粳 237、桥科 951、盐粳 933、盐粳 22、盐粳 927、盐粳 939、盐两优 2818 等耐盐常规（杂交）粳稻品种（组合），其中盐丰 47、桥科 951 还先后通过国家品种审定。江苏沿海地区农业科学研究所亦从 20 世纪 70 年代从事耐盐水稻育种研究，于 1987 年育成并通过江苏品种审定的耐盐中籼稻"盐城 156"，此后又相继育成"盐稻 10 号、盐稻 12 号"等耐盐中粳稻品种。江苏沿江地区农业科学研究所育成了"通粳 981"。江苏省连云港市农科院育成了"连粳 2 号"等耐盐水稻品种。

此外，由我国相关育种单位及育种家利用已有的耐盐种质或通过常规育种的方法，获得的耐受一定浓度盐分的水稻品种还有东农 363、长白 6 号、长白 7 号、长白 9 号、长白 10 号、长白 13 号、窄叶青 8 号、特三矮 2 号、绥粳 5 号、津粳杂 2 号、吉粳 84 号、津稻

1229、津糯 6 号、津源 101 等。

  水稻耐盐性对产量因素的影响研究表明,水稻对盐碱性土壤较为敏感。发芽期和幼苗期是最容易受碱害的生长时期。水稻苗期受盐害影响很大,严重时导致稻谷播种后不出苗。即使出苗后,苗也弱小,如遇秧苗期的低温和病虫害,往往导致出苗后的秧苗死亡。在新疆米泉县,水育苗曾因盐碱危害死苗率达 30% ~ 40%。赵守仁等研究发现,水稻在种子芽期是耐盐碱的,而幼苗期变得十分敏感,分蘖后的营养生长期耐盐碱性又增强,到开花期又变得敏感,在成熟期耐盐碱性又增强。梁正伟等研究表明,在盐碱胁迫下,水稻的分蘖高峰期会明显推迟或不出现分蘖高峰期,并且抽穗期延长;不耐盐碱的早熟品种比耐盐碱的中熟品种抽穗晚。程广有等研究发现,水稻品种间耐盐性存在显著差异,水稻株高、分蘖数和单茎绿叶数均受到盐害的抑制,它们的抑制率可作为鉴定标准。但各性状受抑制的程度不同,从各品种总的趋势看,分蘖数受到的抑制最大,其次是株高,再次是单茎绿叶数。Lee 等研究表明,水稻受盐碱胁迫后,叶片在分蘖期受害最严重,茎秆和花序的长度在孕穗期严重缩短,有效穗数、千粒重和分蘖数等产量构成指标明显减少。Kban 等研究发现,水稻幼穗分化期受到外界盐碱胁迫时,水稻花粉活力下降,花粉粒的萌发受到抑制。而且,盐碱敏感的水稻品种淀粉合成酶活力受到抑制,幼穗分化严重受阻,结实率显著降低。张瑞珍等研究发现,盐碱胁迫严重影响幼穗正常分化和小穗形成,从而空秕率增加,主要是由于盐碱胁迫会显著缩短幼穗长度,减少小穗的第一枝梗数、小穗数,降低着粒密度、谷粒的长度、厚度、宽度、千粒重及小穗重量,而且还会导致稻草和谷粒产量的下降以及稻米品质的降低。张家泉等研究发现,受盐碱危害后,耐盐和不耐盐水稻品种的有效穗数、每穗粒数、千粒重都会下降,但不耐盐水稻品种的有效穗数、每穗粒数、千粒重下降更为明显,耐盐品种威优46减产1/3,而不耐盐品种晚粳丙9147减产达3/5,受盐碱危害时间越长,产量越低,直至绝收。水稻耐盐性遗传水稻耐盐性是受环境影响的数量性状,不少研究学者发现,在不同的水稻品种间耐盐性存在着显著的差异,这种差异是可以遗传的。祁祖白等对我国籼稻品种进行了苗期耐盐性状研究,结果发现水稻苗期的耐盐性状属数量性状,受多基因控制,耐盐性状的遗传率较低,广义遗传率为 $2.65\% \sim 32.25\%$,易受环境条件影响而变异,F1 的耐盐性水平一般在双亲之间,少数组合的 F1 能够超过耐盐性亲本的平均抗级。吕晓波研究发现经盐碱筛选后再生的植株在株高、生育期、分蘖数、空瘪率等多项农艺性状上发生变异,在后代中是可遗传的。顾兴友等采用 6×6 完全双列杂交设计对 2 套 4 周龄秧苗分别用常规(对照)和处理(60 mmol/L NaCl 营养液培养处理3周)进行遗传分析,结果表明,死叶率等级、相对生长量级别和地上部 Na+ 含量 3 项指标,其遗传均以基因加性效应为主,死叶率等级和地上部 Na+ 含量还存在一定量的非加性效应;环境效应皆显著且份量较大;死叶率等级的遗传力相对较高。配合力分析表明,死叶率等级和相对生长量级别只有一般配合力(GGA)显著;地上部 Na+ 含量的 GCA 和特殊配合力(SCA)均显著,但以前者为主;GCA 与亲本耐盐力存在正相关。提出了杂交聚合耐盐基因是改良水稻耐性的基本途径。

水稻盐害主要是由于吸收并积累了过量的 Na+ 引起的,抗盐育种的一个主要选择目标是减少 Na+ 在地上部的积累。水稻耐盐性遗传力普遍较低,以表型选择为基础的作物耐盐育种难度大、效率低、进展慢,不能满足生产需要。祁祖白等研究表明,水稻幼苗阶段的耐盐性在某种程度上可代表整个植株全生育期的耐盐性水平。因此,在杂种的早期世代(F2~F4),如果采用集团选择法筛选耐盐幼苗,有可能提高选择效果。郭望模等提出了可采用杂交与复交育种手段,对杂交后代进行更高一级耐盐碱性鉴定,即从F2 开始采用系谱法,连续对杂交后代在 pH 值 8.5~10.0、盐分含量 0.3% 左右的 NaHCO3 盐水(主要是水稻芽期鉴定)和盐碱土条件下进行筛选。徐建龙等研究选择 IR64、特青和新株型(NPT,IR68552-55-3-2)为轮回亲本与 13 个供体亲本产生不同回交世代(BC2F2~BC4F2)群体为材料,进行耐盐性筛选。结果表明,回交后代对性状的选择效率与遗传背景存在非常显著的相关。IR64 背景与绝大多数供体回交后代的耐盐性选择效率都较高,其次是特青背景,NPT 背景的选择效率最低。回交后代的耐盐水平和耐盐株数还轮回亲本和供体亲本的组合有关,感盐供体 BR24 和 IR50 与 NPT 的回交后代的耐盐选择效率均高于特青背景,在耐盐供体 FR13A 的回交后代也出现同样的现象。钱益亮等认为在耐盐碱性杂交水稻育种中,要同时考虑加性效应和显性效应。通过 QTL 定位分析发现,由于 QSst2 c 和 QSstl2 在幼苗耐盐等级上表现较大的负向超显性效应(显性度分别为 -1.53 和 -2.41),且 QSstl0b 在幼苗耐盐等级上表现负向部分显性效应(显性度分别为 -0.19),因此,用于配制杂种的不育系和恢复系必须同时带有与 ZDZ057 相同的 QSst2 c、QSstl0 b、QSstl2 等位基因以及与特青相同的 QSst2 e 等位基因,否则配制的杂种将表现苗期不耐盐害。QSst9 a、QSst4 b 和 QSdsl0 在幼苗耐盐等级上表现为正向超显性(显性度分别为 5.19、9.88 和 2.16),QSdslb 和 QSst2d 在存活天数上表现为正向部分显性(显性度分别为 0.20 和 0.29),在杂交稻育种上,也以不育系和恢复系同时带有与蜀恢 527 相同的 QSst9 a 和 QSst4 b 等位基因和来自明恢 86 的 QSdslb、QS-ds10 和 QSst2d 等位基因为佳。王根来等研究发现籼粳不同类型间品种对盐害反应的比例无显著性差异,认为可通过常规杂交、理化诱变、体细胞突变筛选、基因工程等综合技术途径,将地方品种所携的耐盐基因有目的地导入到农艺性伏优良的品种中去,育成新的优良亲本,选育耐盐高产水稻品种供盐区生产利用。陈受宜等采用用细胞工程的途径,通过 EMS 诱变处理的花药粳稻品系 77-17,在含盐 0.5%、0.8% 与 0.1% 的培养基上筛选出耐盐愈伤组织及其再生植株。经逐代在含盐 0.5% 条件下重复选择,获得了耐盐性比原始亲本显著增强的株系。选育出的耐盐品系已经连续 2 代在河南、北京盐碱地区小面积试种,产量可达 5 250 kg/hm2 以上。辽宁省盐碱地利用研究所依据"人工选择规律"采用"形态相差选择法,从 S16 水稻品种变异株中经系选而育成的中晚熟优质米水稻新品种,产量达 8 250~11 250 kg/hm2。在启东,通过耐盐杂交种海涂种植筛选试验,获得了耐盐水稻新组合 34 号、32 号,平均产量达 3 720 kg/hm2。土壤的盐渍化是限制农作物生长,造成作物减产最严重的非生物胁迫之一。在我国的盐碱土地面积巨大。因此,了解作物耐盐的遗传规律,这将有助于通过分子育种方法提高农作物抵御盐胁迫的能力,对未来农业的发展有着重要的意义。了解基因的遗传及其分子遗传规律,可运用分子标记辅助育种,将耐盐基因导入优良水稻栽培品种中,从而培育耐盐性强的水稻新品种将成为现实。

从现有的国内外水稻种质资源尤其是丰富的野生稻和地方品

种资源中鉴定筛选出具有耐(抗)盐水稻种质,加快分子育种与传统育种的融合,将耐盐基因转入各地主推水稻品种或定型的水稻新品系中,再结合盐胁迫筛选鉴定,创制耐盐性较高、综合性状优良的水稻核心种质,为水稻耐盐育种提供种质支持,在此基础上将定型的耐盐性较高、综合性状优良的水稻核心种质或新品系通过省级以上中间试验,进一步筛选、选育能够通过审定并推广应用的综合性状优良的耐盐水稻新品种(组合)。

第二节 耐盐碱水稻品种的选育的展望

从耐盐碱水稻品种选育和栽培的历史来看,苏打盐碱地水稻长期处于单一品种种植占主导地位,缺少多品种的互补优势。以长白9号水稻为例,从1994年选育,推广种植长达20年,在盐碱地稻区种植面积一度超过60%,该品种抗倒伏能力较差,因此产量降低,但苦于缺乏替代品种。当前,虽然白粳1号和东稻4号等品种通过审定并成为主栽品种,但与苏打盐碱地稻田面积相比,耐盐碱水稻品种仍显得十分匮乏。由于传统育种周期较长,短期内获得新品种的可能性不大,在生产上大面积感染稻瘟病或者倒伏减产的风险很大。以现代生物技术为依托,借助分子育种手段,加快选育耐盐碱水稻品种。同时,应提高水稻品种选育水平,深入开展水稻栽培育种的生理研究。

与以往育种技术路线不同的是,耐盐碱水稻育种以宁夏目前的优良主栽品种和适宜宁夏种植的外省品种为受体亲本,以来源于全球主要产稻国家的优良耐盐碱品种资源为供体亲本,在通过回交育种技术创造大规模导入系的基础上,利用分子设计聚合育种技术,聚合不同来源的多个耐盐碱基因,对水稻耐盐碱性状开展大规模鉴定和筛选,从而获得耐盐碱的高产优质新品系。

吉林省农业科学院水稻研究所选育出吉粳80、吉粳83、吉粳89、吉粳92、长白9号(吉89-45)、吉89-12、吉89-52、超产1号、超产2号、吉玉粳、吉90-91、组培号、天井3号等,其中长白9号在1994年就已推广13.3万hm2,占适应地区的50%以上。吉林市农业科学院选育出九稻29、九稻43、九稻44号、九稻48、金浪1号等,通化市农业科学院选育出众禾一号,新品种的选育推广,彻底改变了日本品种占统治地位的被动局面。进入20世纪90年代中后期,受市场需求影响,加强优质米育种研究,先后育成一批优质高产品种,并先后于1995年和1998年进行了吉林省首届和第二届优质米品种评选工作,共评选出超产一号、超产二号、吉粳66号等10个新品种(系)为吉林省优质品种,优质米鉴评活动大大促进了吉林省优质米品种选育工作,每两年举办一次,持续至今。

盐碱胁迫对水稻种子萌发、幼苗生长、物质运输及积累均有一定影响。在盐碱环境中,水稻种子萌发受到显著抑制,发芽率、发芽势、发芽指数以及种子活力指数等指标随着盐碱浓度增高而下降,幼苗株高和根长降低。水稻苗期和生殖期是对盐碱胁迫相对敏感的时期,此时若受到盐碱影响,水稻幼苗叶片易发生卷缩和枯萎,根长和侧根数量减少,幼苗生物量、根数以及根体积下降,幼苗体内的Na^+/K^+比增加;盐碱胁迫常导致水稻有效分蘖数减少,抽穗期推迟,花粉活力下降,幼穗分化受阻,结实率降低,最终影响水稻产量。综合国内外研究,目前水稻耐盐碱评价萌发期多采用发芽率和发芽势作为主要评价指标;营养生长期(幼苗至抽穗)常以有效分蘖能力和生物量作为主要评价指标;生殖生长期(抽穗至成熟)通常采用成穗率、千粒重、成熟度及稻谷产量等进行判定。

水稻耐盐生理与生化研究在不断深入,从细胞、组织到整个植株耐盐机理的阐明有更多的问题正在或需要探究。水稻耐盐种质的创新途径也在不断丰富,将耐盐基因聚合到优良的水稻品种中绝非易事,这需要将基因工程、细胞工程和常规杂交相结合,多家科研单位密切合作,集体攻关,这也有利于充分利用资源,加速科研进程。耐盐基因的发掘与筛选不能只限于水稻,也要加深对其它作物耐盐基因的研究与应用,通过转基因、分子标记辅助选择等技术手段培育出耐盐性极强,具有大田生产应用的水稻新品种,进一步扩大水稻的可种植面积,缓解全球的粮食危机。

第三节　耐盐碱水稻的推广价值

粮食是人类生存与发展的最基本的物质条件。当前,世界人口迅速膨胀,耕地逐年减少,质量不断下降,自然灾害频发,粮食增长日趋缓慢。据联合国人口基金会"世界人口日"报告,2017 年世界人口约 75 亿,据预测到 2050 年将达 95 亿,到 2080 年世界人口将达顶峰,达到 106 亿,此后将逐渐下降,本世纪末降至 103.5 亿。而据联合国教科文组织(UNESCO)和粮农组织(FAO)不完全统计,全世界土地面积为18.29亿公顷,人均耕地0.26公顷。2017年1月《中共中央、国务院关于加强耕地保护和改进占补平衡的意见》指出,到2020年全国耕地保有量要不少于1.24亿公顷,人均耕地大约874 m^2,不到世界人均耕地面积的一半。此外,联合国粮农组织《2017年全球粮食危机》指出,近年来面临严重粮食危机的人口已达1.08亿,涉及30余个国家。

土壤盐碱化使得耕地面积缩减,也是导致粮食危机的原因之一。盐碱地在世界分布很广,遍及6大洲30多个国家。据UNESCO与FAO不完全统计,全球盐碱化土地总面积约9.5亿公顷,约占世界陆地总面积的10%,且正以每年100万~150万公顷的速度增长,其中我国盐碱(渍)地面积大约9913万公顷,是世界盐碱地大国之一,其中严重盐渍化土壤大约3666.7万公顷,主要分布在包括西北、东北、华北和滨海地区在内的17个省份。我国沿海滩涂资源总面积217万多公顷,其中江苏沿海滩涂总面积就达68.7万公顷,占全国1/4以上,且每年仍以1334多公顷的速度淤涨,是我国东部地区最具潜力、最有价值的土地后备资源,其中绝大部分仍未脱盐甚至还不断遭受盐渍危害。

水稻是世界上种植面积最大的粮食作物之一。水稻为中度盐敏感作物,通过大水压盐种稻是古今中外传承已久的盐碱地利用方法,且培育耐盐水稻品种是盐碱地粮食作物增产和对盐碱地改良的重要途径之一。多年来,国内外学者从不同侧面对水稻耐盐机制、耐盐性的遗传及耐盐品种选育等方面的研究均取得了很大成就。

土壤盐渍化是水稻生长的限制因子之一,极易造成水稻减产。随着地球气候的异常变化和人为不合理的灌溉,全球盐碱地面积日趋增加,土地盐渍化已成为水稻生产进一步稳定发展的主要制约因素之一。据联合国教科文组织(UNESCO)和粮农组织(FAO)不完全统计,全世界盐碱地面积为9.54亿hm^2。中国盐渍土覆盖面积广泛,类型多样。据最新研究,现代盐渍化土壤面积约3693.3万hm^2,残余盐渍化土壤约4486.7万hm^2,潜在盐渍化土壤为1733.3万hm^2,各类盐碱地面积总计9913.3万hm^2,且每年盐碱化和次生盐碱化土壤都在不断加重。中国盐碱土主要为滨海盐碱土和内陆苏打盐碱土,且由于苏打盐碱土(以Na_2CO_3和$NaHCO_3$为主要成分)具有可溶性盐含量高、PH值高、交换性钠含量高、土壤分散性强等特点,严重影响着作物的产量和品质。作为中国第二大粮食作物,水稻种植地也面临着盐碱化问题日趋加剧、耕地面积日益减少的局面,且水稻也是一种对盐中度敏感的植物,在盐胁迫下生长受到抑制,往往表现为叶片枯死、分蘖减少、不抽穗、育性差和千粒重低等症状,严重的甚至植株死亡或完全失效,从而在不同程度上影响了水稻的产量。因此筛选和选育耐盐碱的水稻品种对盐碱地区的水稻生产十分重要。很多学者对盐胁迫下水稻的发芽特性及幼苗期的耐盐机理、耐盐性评价和性状基因做了大量研究,但对大田环境中盐胁迫对水稻的产量、品质及其农艺性状的影响鲜见报道。本研究通过对辽宁省10份耐盐性不同的主栽水稻品种在辽宁省沈阳市沈阳农业大学农学院实验基地和盘锦市盐碱程度较重的大洼镇进行耐盐碱水稻品种筛选及比较试验,对其农艺性状及产量品质进行比较分析,以期为辽宁省盐碱地区耐盐碱水稻种质资源的直接或间接利用提供科学依据。

土壤盐碱化问题在一定程度上对农业生产和生态环境起限制作用。今后一段时间,土壤改良仍是生产上首先要解决的问题,耐盐碱水稻新品种的选育也是迫切需要解决的任务,而且急需耐盐碱性更强的新品种。因此,有必要借助分子育种等高新技术快速定向培育耐盐碱水稻新品种。同时,苏打盐碱地肥力瘠薄,生产上应以"改良为前提,培肥为基础",重视肥沃地力的培育,加强水肥管理,尽快建立健康肥沃的耕层,兼顾经济和生态效益,早日将寸草不生的盐碱地改造成高产粮田,真正实现经济效益和生态环境的可持续发展。

第四节　结论与展望

一、结论

中小企业技术创新能力问题是一个全球问题,不管是哪个国家,如果不能重视中小企业技术创新能力的发展,就不能够在激烈的竞争中占有一席之地。而技术创新能力是中小企业生存之源泉、成长之根本、壮大之关键、发展之主题。但现实中,我国中小企业技术创新能力缺乏或不足带有普遍性,这也是众多中小企业长不大、做不强的根本原因之一。近几年,我国各级政府开始重视中小企业技术创新能力问题,但已出台的政策措施、法律法规的着力点多数局限在如何改善创新环境方面,很少深入到如何提升或增强中小企业技术创新能力层面,且存在着多头管理,实施效果不理想。

本文试图对中小企业技术创新能力的内涵和内容、提升中小企业技术创新能力的企业行为、政府促进等问题进行分析和探讨。

本文通过对大企业和中小企业技术创新能力的对比，分析企业内部资源环境因素对提升中小企业技术创新能力的影响，又在企业外部创新环境方面，采用了社会文化环境、法律制度环境、投融资环境和社会中介服务环境进行分析，同时借鉴日本和美国的有益经验。选择美国、日本两个国家作为借鉴是因为：首先是由于两国都很重视的中小企业的发展，有着完整的理论基础。其次，两国在发展中小企业技术创新能力过程中积累了丰富的经验，形成了自己独特的发展模式。再次，两国在提升中小企业技术创新能力方面，根据中小企业自身发展状况，结合自己的文化背景，使得中小企业充满活力，中小企业技术创新能力不断增强。在建设创新环境方面，在制定国家政策、立法、融资、管理和社会化服务方面为我们提供了很多可资借鉴的经验和教训。面对当前形势，我国中小企业也要紧跟时代步伐，通过政府支持创建良好的外部创新环境，不断寻求有助于发展中小企业技术创新内部资源环境的方式和道路，双管齐下，来提升我国中小企业技术创新能力。

在这个科技发展日新月异的时代，没有哪个国家可以独身世外，与其他因家不发生联系，要想在激烈的竞争中，完成中华民族的伟大复兴，没有强大的经济基础，是不可能实现的。受金融危机的影响，世界经济的发展一度陷入困境，我国许多企业纷纷倒闭，尤其是那些传统经济领域中的中小企业，但是那些从事高科技的、重视技术创新的企业，对于它们来说这次的金融危机带来的不仅是"危"更多的是"机"，这次的金融危机对于我们国家来讲，促进了产业结构调整，深化了企业改革，对于提升中小企业技术创新能力的重要性、紧迫性和完善中小企业技术创新政策、法律、融资、管理和社会化的服务方面带来新契机。在危机中，中小企业也发挥了自身优势,分散了经济风险,在促进就业和社会稳定方面,在国民经济的恢复和发展中做出了重要的贡献。

二、展望

本文在立足于我国中小企业技术创新能力实际情况,在与大企业技术创新能力对比之后,又借鉴了美、日两国政府创建良好创新环境方面的经验教训,提出了对于我国中小企业技术创新能力发展建议。由于作者的能力和水平问题,本文在研究中尚存一些问题,主要表现为:其一,对于中小企业创新研究仅仅停留在宏观理论上,缺少实证研究。其二,中小企业技术创新能力研究是个复杂的系统,无法对其所有影响因素逐一分析和研究,只能选择其中的一个部分来进行剖析,所以希望对我国中小企业技术创新能力的研究能够与时俱进,有更多的研究人员加入其中,提出更多的意见和建议,使其理论更完善,同时也为相关部门的工作提供参考依据。对于本文中存在的其他不足之处,希望得到各位专家、学者的批评斧正。

随着中小企业的不断发展,政府对于中小企业技术创新方面的支持力度显得越来越重要,所以进一步推动政府、企业和社会各界对于中小企业技术创新的重视程度,提升创新能力、共同建构适合中小企业技术创新的良好环境,使得我们的经济能够更好更快发展,使得社会主义经济建设事业更上一层楼。